Bine Brändle
Hans Kramaschek
Dominik Sauer
Gudrun Schmitt
u. v. a. m.

1×1 kreativ Holz

Inhaltsverzeichnis

Workshop
Seite 4–57

1 Materialkunde 6
    Die wichtigsten Holzarten 7
    Holzwerkstoffe & Co 8

2 Arbeitsplatz & Hilfsmittel 10
    Ihr Arbeitsplatz 11
    Wichtige Sicherheitsregeln 11
    Wichtige Hilfsmittel 12

3 Holz sägen 14
    Vorlagen übertragen 15
    Arbeiten mit Maßangaben und Montagezeichnungen 16
    Welche Säge für welchen Holzwerkstoff? 17
    Sägen mit der Dekupiersäge 18
    Sägen mit der Stichsäge 20
    Sägen mit der (Tisch-)Kreissäge 22
    Sägen mit der Handkreissäge 24
    Kleine Sägeblattkunde 25
    Ideeninsel Holz sägen 26

4 Fräsen & schnitzen 28
    Arbeiten mit der Oberfräse 29
    Schnitzen 31
    Ideeninsel Fräsen & schnitzen 34

5 Oberflächenbehandlungen 36
    Verschiedene Schleifwerkzeuge 37
    Auftrags-Werkzeuge 38
    Lackieren, ölen & mehr 40
    Arbeiten mit Kantenumleimer 43
    Ideeninsel Oberflächenbehandlungen 44

6 Bohren & verbinden 46
    Unterschiedliche Bohrmaschinen 47
    Bohreinsätze und ihre Aufgaben 48
    Sacklöcher bohren 49
    Eignung von Verbindungsarten 49
    Leimen und kleben 50
    Nageln 51
    Dübeln 52
    Nuten 53
    Schrauben 54
    Ideeninsel Bohren & verbinden 56

Ideenpool
Seite 58–113

Wohnraumaccessoires 60
    Schlichter Leuchter 60
    Treibholz-Garderobe 62
    Bademate 64
    Messerblock 66
    Filigraner Bilderrahmen 68
    Stiftehalter 70
    CD-Regal 72
    Bambustablett 74

Kleinmöbel 76
    Regalwagen 76
    Regal in Bootsform 79
    Hängeregal 82
    Beistelltischchen 85
    Rustikales Regal 88

Dekoratives für draußen 90
    Schaukelbett 90
    Hausnummer & Türschild 92
    Lichtsäule 94
    Nistkasten 97
    Blumenkasten-Pyramide 100

Ideen für Kinder 102
    Prinzessinnenstuhl 102
    Arche Noah 104
    Kaufladen 106
    Schaukeldino 108
    Steckenpferd 111

Montageskizzen & Vorlagen 114

Autoren/Impressum 132

Liebe Leserin, lieber Leser,

Willkommen im „1x1 Holz"! Hier lernen (angehende) Heimwerkerinnen und Heimwerker alles über die wichtigsten Werkzeuge und Techniken, um erfolgreich Dekoratives und Nützliches für drinnen und draußen zu arbeiten. Jedes der sechs Workshopkapitel führt Sie Schritt für Schritt zum Bau von eigenen Kleinmöbeln und Wohnraumaccessoires: Sie lernen, den richtigen Holzwerkstoff auszuwählen, wie ein (sicherer) Arbeitsplatz aussehen sollte, wie man Holz aussägt, bei Bedarf mit der Oberfräse fräst oder schnitzt, wie die Teile mit Acryllack, Holzöl oder Beize behandelt werden müssen und wie die Einzelelemente schließlich zu einem Ganzen zusammengefügt werden können. In den eingestreuten Ideeninseln können Sie jeweils das bereits Gelernte anwenden und schon die ersten kleineren Modelle arbeiten.

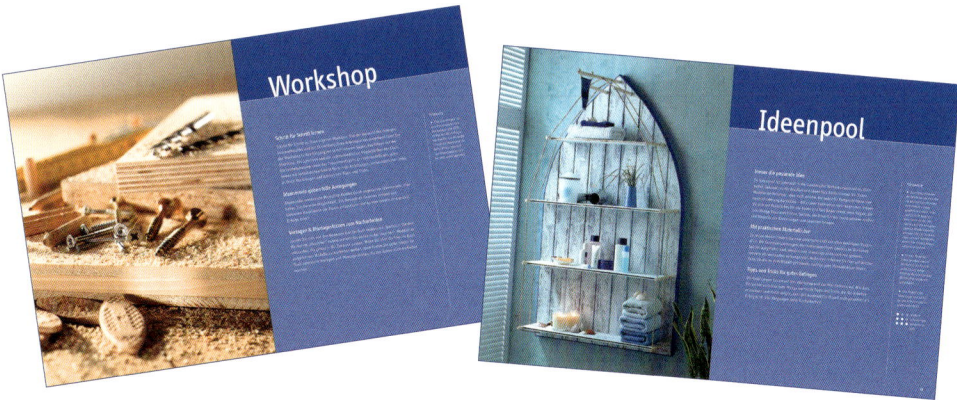

Wenn der Workshop abgeschlossen ist, sind Sie fit für die größeren Modelle des Ideenpools: Hier finden Sie zahlreiche Ideen für Ihr Zuhause. Diese reichen von Wohnraumaccessoires, wie einem Messerblock oder einer Bademuette, über Kleinmöbel und Ideen für draußen bis hin zu kreativen Überraschungen für Kinder.

Wir wünschen Ihnen viel Spaß und gutes Gelingen!

Ihr Expertenteam

Bine Brändle

Gudrun Smit

Kamatsdel H.-J.

und viele weitere

Workshop

Schritt für Schritt lernen

Schritt für Schritt zu Ihren eigenen Modellen: Von der Auswahl des richtigen Holzwerkstoffes und der Einrichtung Ihres Arbeitsplatzes ausgehend führt Sie der Workshop in den Umgang mit verschiedenen Sägen, das Fräsen mit der Oberfräse, das Schnitzen und die unterschiedlichen Möglichkeiten der Oberflächenbehandlung sowie des Zusammenfügens der Holzmodelle ein, alles immer mit ausführlichen Schritt-für-Schritt-Anleitungen, vielen nützlichen Infos zu Ihren Werkzeugen und zahlreichen Tipps und Tricks.

Ideeninseln geben tolle Anregungen

Abgerundet werden die Workshop-Kapitel durch sogenannte Ideeninseln. Hier haben Sie die erste Möglichkeit, das theoretisch Gelernte anhand von kleineren Modellen in die Praxis umzusetzen und können bereits Ihre ersten Erfolge feiern.

Vorlagen & Montageskizzen zum Nacharbeiten

Lassen Sie sich von den Modellen hier im Buch inspirieren. Nachdem Sie den Workshop „absolviert" haben, werden Sie sicher in der Lage sein, Modelle zu entwerfen, die genau in Ihr Zuhause passen. Wenn Sie aber die hier im Buch aufgeführten Modelle nacharbeiten wollen, dann finden Sie dafür hinten im Buch zahlreiche Vorlagen und Montageskizzen, die das Ganze noch einfacher machen.

Hinweis

◆ Die Grundlagen sowie die vorgestellten Werkzeuge und Hilfsmittel des Workshops werden für die Modelle hinten im Ideenpool ab Seite 58 als bekannt beziehungsweise vorhanden vorausgesetzt.

1 Materialkunde

Hinweis

◆ Werden für ein Modell rechteckige oder quadratische Holz(werkstoff)stücke verwendet, so ist in dem Fall das zu erreichende Endmaß in der Materialliste aufgeführt. Um dieses sauber zuschneiden zu können, sollten Sie aber etwas größere Stücke besorgen. Werden aus dem Holz Formen ausgesägt, so ist in den speziellen Materialliste das Mindestmaß aufgeführt, das Sie für eine sichere Handhabung benötigen. Insbesondere Säge-Anfänger tun sich aber mit einem etwas größeren Stück leichter.

Holz ist ein unglaublich vielseitiges Material, aus dem sich die schönsten Sachen arbeiten lassen: Wohnraumaccessoires, Möbelstücke, Spielsachen, Dekoobjekte oder auch Kunstgegenstände. Wenn Sie sich umsehen, werden Sie feststellen, dass Sie von zahlreichen Holz-Gegenständen umgeben sind und diese tagtäglich benützen. Mal steht dabei der natürliche Charakter des Holzes im Vordergrund, mal spielt dieser eine eher untergeordnete Rolle.

Unterschieden wird zwischen Hart- und Weichholz, wobei sich diese Namen nicht auf den Härtegrad des Holzes beziehen, sondern aussagen, ob das Holz von einem Laub- (Hartholz) oder einem Nadelbaum (Weichholz) stammt. Neben seiner warmen, angenehmen Haptik besitzt der Naturwerkstoff Holz aber leider auch einige unerwünschte Eigenschaften wie Schwinden, Quellen, Verwerfen und Reißen. Diese werden bei industriell gefertigten Holzwerkstoffen wie Sperrholz oder Leimholzplatten durch das Zerlegen des Holzes in größere und kleinere Holzteile und das anschließende Zusammensetzen mithilfe von Leim reduziert; teilweise hat das kaum optische Einflüsse und es entsteht immer noch der Eindruck, mit einem Material frisch aus dem Wald zu arbeiten. Diese sogenannten Industriehölzer erhalten Sie problemlos in jedem Baumarkt oder Holzfachhandel.

Sieht immer noch nach natürlichem Holz aus, wurde aber industriell bearbeitet

Naturholz, aber in Form gebracht

Die wichtigsten Holzarten

Hinweis

◆ Alle Holzarten, egal ob fest oder weich, sollten nicht ungeschützt der Witterung ausgesetzt werden. Durch eine Bemalung oder Versiegelung mit Lack haben Sie lange Freude an Ihren Modellen.

Buche

Buchenholz ist das am häufigsten genutzte Hartholz. Seine Farbe reicht von weiß oder rötlich bis zu blassbraun, dunkleres Buchenholz wurde gedämpft. Buche hat eine feine, gleichmäßige Struktur. Das Holz ist mittelschwer, hart, sehr tragfähig, aber wenig elastisch. Es lässt sich leicht verleimen; beim Nageln müssen Löcher vorgebohrt werden. Oberflächenbehandlungen lassen sich hier alle durchführen. Buchenholz wird vor allem zur Herstellung von Möbeln, Bodenbelägen, Küchenutensilien, Spielzeug und als Furnier- und Sperrholz verwendet. Außerdem eignet es sich gut als Brennholz.

Pappel

Bei Pappelholz handelt es sich um ein wirtschaftlich bedeutendes Nutzholz. Es ist weiß oder hat bisweilen eine rote bis braune Tönung. Seine Struktur ist fein und gleichmäßig. Das Holz ist sehr weich, leicht und für die Verwendung im Freien nicht geeignet. Oberflächenbehandlungen lassen sich vor allem gut bei frischem Holz durchführen. Pappelholz wird zur Herstellung von Obstkisten, Zündhölzern und Sperrholz verwendet.

Birke

Birkenholz hat eine helle, gelblich- oder rötlichweiße bis hellbraune Farbe, feine Poren und einen leichten, seidigen Glanz. Das Holz ist recht fest und elastisch und lässt sich leicht bearbeiten, sollte aber nicht unversiegelt der Witterung ausgesetzt werden. Als Massivholz wird Birke z. B. im Möbelbau oder für Schnitz- oder Drechselarbeiten verwendet. Es wird aber auch für Furniere, Furnierplatten und zur Sperrholz-Herstellung genommen.

Kiefer

Dieses Nadelholz ist das am häufigsten verwendete Nutzholz. Es ist weißgelblich und fein bis mittelgrob gemasert, neigt aber zu vielen Astlöchern und dunkelt nach. Kiefernholz ist weich und lässt sich gut sowohl von Hand wie auch mit Maschinen bearbeiten, verfault im Freien aber schnell. Kiefer wird für Möbel, Bautischlerarbeiten, Fensterrahmen, Wand- und Deckenverkleidungen sowie Verpackungsmittel wie Kisten, Paletten und Steigen verwendet und kommt auch als Furnier- oder Sperrholz zum Einsatz.

Fichte

Fichtenholz ist nach Kiefernholz das am häufigsten genutzte Weichholz. Das Holz ist weiß oder gelblich- bis rötlichweiß und hat einen starken natürlichen Glanz. Es lässt sich leicht bearbeiten, besser quer als der Länge nach sägen und ist mäßig witterungsbeständig. Fichtenholz ist das wichtigste Bau-, Schreiner- und Ausstattungsholz und wird auch für Wandverkleidungen, Möbel, Musikinstrumente und Verpackungsmittel wie Kisten verwendet. Es eignet sich ebenso gut für Bastelarbeiten.

Workshop

Tipps & Tricks

◆ Massiv-, Leim- und Sperrholz können Sie durch eine entsprechende Oberflächenbehandlung für den Außenbereich verwenden. Allerdings sollten Sie die Modelle jedes Jahr auf ihre Witterungsbeständigkeit hin prüfen und die Behandlung ggf. wiederholen. Auch kesseldruckimprägniertes Holz muss übrigens in regelmäßigen Abständen nachbehandelt werden.

◆ Gut verleimtes Leimholz bricht niemals in der Leimfuge.

◆ Achten Sie bei der Verwendung von Leimholz auf scharfe Werkzeuge, weil dieses sonst gerne splittert oder „ausfranst".

◆ Sperrholzplatten in A4 oder A3 erhalten Sie im Baumarkt oder im Hobbyfachhandel. Größere Platten können Sie sich im Baumarkt, in einer Holzhandlung oder in einer Schreinerei in der gewünschten Größe zuschneiden lassen. Dort gibt es oft auch preisgünstige Reststücke.

◆ Die Maserung von Sperrholz kann unregelmäßig sein. Achten Sie beim Kauf darauf, Stücke zu nehmen, die eine schöne, gleichmäßige Maserung haben.

Holzwerkstoffe & Co.

Massivholz

Nach dem Fällen im Winter, wenn der Saftfluss im Baum stagniert und der Pilz- und Insektenbefall am geringsten ist, wird der gewachsene Baum im Sägewerk in unterschiedliche Schnittholzprodukten zerteilt, z.B. in Bretter, Latten, Bohlen und Dielen. Bohlen und Dielen werden ausschließlich in der Holzindustrie oder in Schreinereien eingesetzt. Bretter sind mindestens 80 mm breit, Latten nicht breiter als 60 mm. Beide werden in unterschiedlichen Stärken und Längen im Baumarkt angeboten. Dort finden Sie auch bereits in Form gebrachtes Holz, wie z.B. Rundholzstäbe. Anders als bei Industrieholz sind bei Schnittholz noch die natürlichen, teilweise unerwünschten Eigenschaften des Holzes vorhanden, z.B. Quellen, Schwinden, Verwerfen und Reißen. Schnittholz wird deshalb in die Güteklassen A, B und C (EU-Norm) unterteilt sowie in die Klasse D, die jedoch nur in Deutschland gültig ist. Dabei wird berücksichtigt, ob das Holz von Astwuchs, Insektenbefall oder Verarbeitungsfehlern, wie Trocknungsrissen, beeinträchtigt ist. Latten und Bretter werden gehobelt mit einer glatten Oberfläche oder sägerau mit einer unebenen Oberfläche angeboten. Zum Sägen eignen sich die Band- (in kleineren Formaten), Kreis-, Dekupier- und Stichsäge gut.

Leimholz

Leimholz lässt sich auf den ersten Blick kaum von Vollholz unterscheiden. Hierbei wird – anders als beim Sperrholz – das Holz nicht in dünne Furniere, sondern in Stäbe aufgetrennt. Diese werden danach wieder maserungsversetzt zueinander verleimt und in Längsrichtung zusätzlich verzahnt. So erhält man Platten, die größer sind als wenn man diese direkt aus Baumstämmen aussägen würde, und reduziert außerdem die unerwünschten natürlichen Eigenschaften des Holzes, wie Schwinden, Quellen und Verwerfen. Leimholz eignet sich für Werkstücke, bei denen die Maserung später noch durch die Bemalung scheinen soll, wie es nach dem Beizen, Ölen oder lasierenden Bemalen der Fall ist. Die Qualität des Ausgangsholzes ist entscheidend für die Verwendung des Leimholzes. Für Holzdekorationen besonders gut geeignet ist Fichtenleimholz, da es nur kleinere Äste und wenige Harzgallen besitzt.

Bei einer Dreischichtplatte handelt es sich, um eine Platte mit drei kreuzweise verleimten Platten, meistens zu erhalten in Fichte. Es gibt sie in der Regel mit einer Stärke zwischen 10 mm und 50 mm. Zum Sägen eignen sich, wie bei Massivholz auch, die Band-, Kreis-, Dekupier- und Stichsäge.

Sperrholz

Sperrholz besteht aus mehreren Holzlagen (Furnieren), die maserungsversetzt jeweils um 90° gedreht übereinander geleimt sind. So weisen die Platten Kanten mit abwechselnd hellen und dunklen Schichten auf. Das versetzte Übereinanderkleben reduziert die unerwünschten Eigenschaften wie Verziehen und Schwinden des Naturholzes, Sperrholz ist also besonders robust und formstabil. Es ist in verschiedenen Holzarten erhältlich, wobei die Qualität des Ausgangsmaterials (also der Holzart) – anders als bei Spanplatten – entscheidend für den Verwendungszweck ist. Die Zahl der übereinander geleimten Furniere ist immer ungerade, sodass die Maserung der oberen und unteren Lage immer in die gleiche Richtung verläuft. Sperrholz mit mehr als fünf Lagen wird auch „Multiplex" genannt, Stab- oder Stäbchensperrholz kennt man auch unter dem Namen Tischlerplatte. Für Sägearbeiten, die im Freien ihren Platz finden sollen, eignet sich wasserfest verleimtes Birkensperrholz. Sägeanfänger verwenden am besten das weiche und günstige Pappelsperrholz. Zum Bearbeiten von Sperrholz eignen sich alle Sägen.

Materialkunde

Span- und Hartfaserplatten

Spanplatten sind sehr günstig und universell einsetzbar. So werden z. B. viele Möbel daraus hergestellt. Spanplatten lassen sich gut sägen und bohren. Nur die Schnittkanten, vor allem beim Schrauben, sind nicht sehr stabil. Durch die grobe Struktur sind die Ränder nämlich, anders als beim Sperr- oder Leimholz, nie ganz glatt. Die Spanplattenherstellung ist eine Art Resteverwertung. Die Platten werden aus Holzschnitzeln, Holzspänen und Bindemitteln unter hohen Temperaturen durch Pressen hergestellt. Spanplatten gibt es roh oder mit verschiedenen Kunststoffdekoren oder Furnieren beschichtet zu kaufen.

Hartfaserplatten sind ähnlich aufgebaut, bestehen aber aus feineren Holzfasern, die unter höherem Druck gepresst werden. Man bekommt sie in verschiedenen Härtegraden. Sie sind sehr widerstandsfähig und z. B. gut für Möbelrückwände geeignet. Zum Sägen eignen sich die Band-, die Kreis-, die Dekupier- und die Stichsäge.

Tipps & Tricks

◆ Span- und MDF-Platten sind preisgünstig in großen Größen erhältlich. Durch ihre hohe Formstabilität eignen sie sich hervorragend für den Innenausbau bzw. den Innenbereich. Für den Außenbereich sind diese Plattenwerkstoffe aber generell ungeeignet!

◆ Bei einigen Modellen werden die verschiedenen Modellteile aus unterschiedlich starkem Holz gesägt. Damit Sie nicht durcheinander kommen, können Sie die entsprechenden Zuschnitte bzw. Vorlagen mit Kreuzen, Kreisen und anderen einfachen Formen markieren.

MDF-Platten

Eine MDF-Platte (mitteldichte Faserplatte) ist ein Holzfaserwerkstoff, der aus feinst zerfasertem, hauptsächlich rindenfreiem Nadelholz hergestellt wird. Dabei wird ein homogener Holzwerkstoff ohne Strukturrichtung hergestellt. Es gibt also keine Maserrichtung. Die Kanten sind hierbei relativ glatt und können ohne Probleme profiliert, geschliffen und beschichtet werden. MDF wird generell nur im Innenbereich eingesetzt wie z. B. im Möbelbau oder beim Innen- sowie Dachausbau.

MDF-Platten gibt es im Rohzustand oder auch mit einer bereits beidseitig angebrachten Grundierfolienbeschichtung zu kaufen. Diese erleichtert die Oberflächenbehandlung, da die rohe MDF-Platte eine hohe Saugfähigkeit besitzt.

2 Arbeitsplatz & Hilfsmittel

Tipps & Tricks

◆ Wer Anfänger ist, der wird sich vielleicht nicht sofort einen eigenen Arbeitsplatz einrichten und alle Geräte und Werkzeuge anschaffen wollen. Fragen Sie in dem Fall einfach im Bekannten- und Freundeskreis nach, ob hier jemand eine Werkstatt eingerichtet hat, die Sie nutzen dürfen.

Sie haben nun die für Heimwerker wichtigsten Holzarten und Holzwerkstoffe kennengelernt und sich vielleicht auch schon entschieden, aus welchem Material Sie Ihr Modell bauen wollen. Bevor Sie sich aber ans Aussägen und Zusammenbauen Ihrer Modelle machen können, sollten Sie zuerst Ihren Arbeitsplatz einrichten und alles wichtige Zubehör bereitlegen, damit Sie Ihre Arbeit nicht unterbrechen müssen. Wichtig ist, dass Ihr Arbeitsplatz nicht nur ein bequemes Arbeiten ermöglicht, sondern auch sicher ist – und zwar sowohl für Sie selbst wie auch für andere Familienmitglieder. Insbesondere Kinder, aber auch Haustiere, müssen vor ungesunder Neugier geschützt werden!

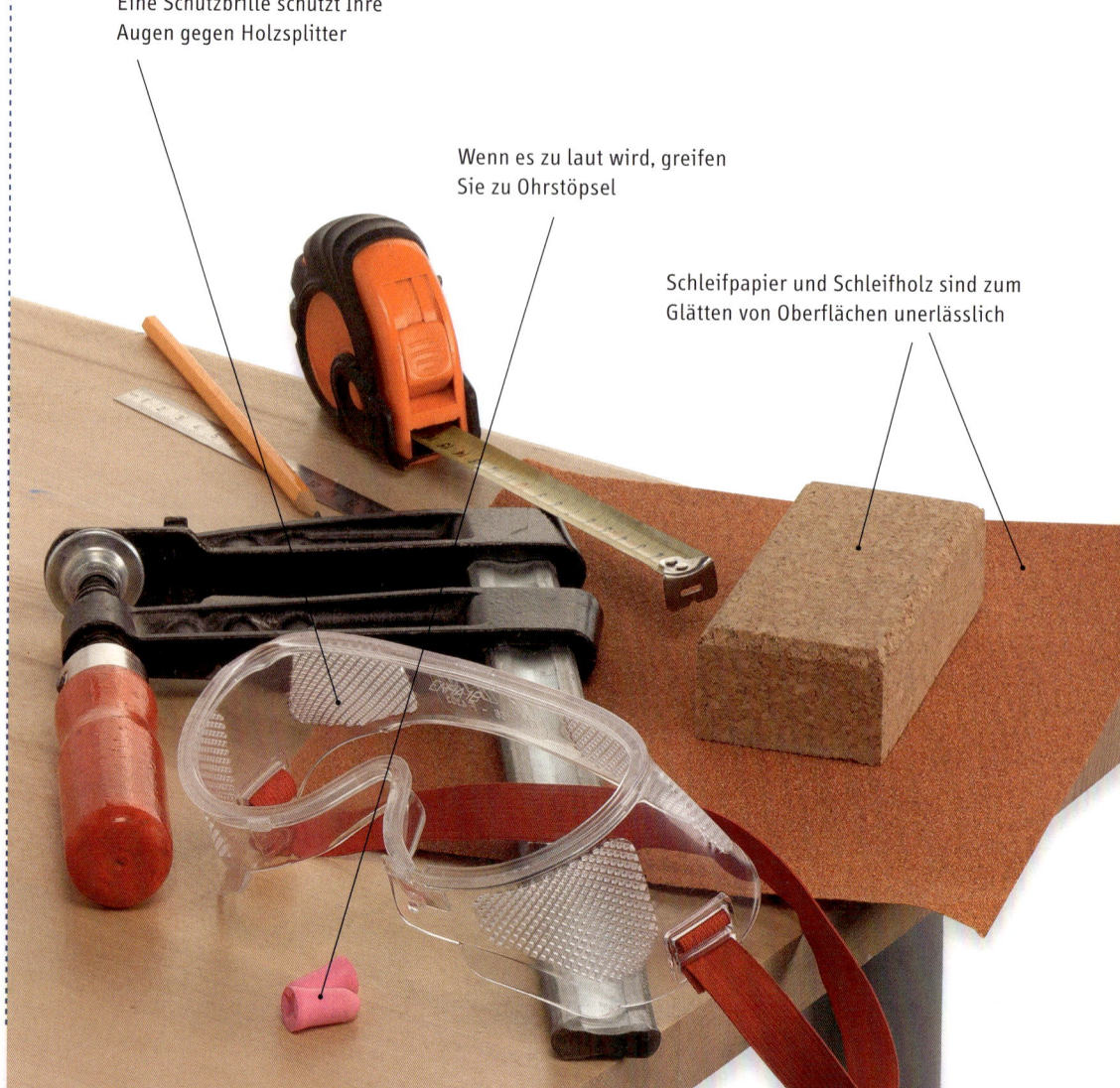

Eine Schutzbrille schützt Ihre Augen gegen Holzsplitter

Wenn es zu laut wird, greifen Sie zu Ohrstöpsel

Schleifpapier und Schleifholz sind zum Glätten von Oberflächen unerlässlich

Arbeitsplatz & Hilfsmittel

Ihr Arbeitsplatz

Eine günstige und sicher nicht schlechte Möglichkeit ist eine selbst gebaute Werkbank aus zwei stabilen Tischböcken mit einer aufgelegten, schweren Holzplatte. Das Befestigen der Holzstücke geschieht hierbei mithilfe von Zwingen. Ebenso kann ein Schraubstock an dieser Platte befestigt werden.
Eine Hobelbank ist am besten geeignet, um regelmäßig Holzarbeiten durchzuführen. Diese besitzt eine Vorder- und eine Hinterzange, in der Werkstücke sicher und leicht einzuspannen sind. Bankhaken sind als Zusatzoption zum Einspannen möglich. Die Fläche ist groß genug, um alle benötigten Werkzeuge abzulegen. Die sogenannte Beilade ist zum Ablegen von gerade nicht benötigten Werkzeugen etc. vorgesehen.

Tipps & Tricks

◆ Wer wenig Platz hat, der sucht im Fachhandel nach einer platzsparend zusammenklappbaren Werkbank.

◆ Ein aufgeräumter Arbeitsplatz erleichtert die Arbeit und man behält immer den Überblick über die Werkzeuge und das zu bearbeitende Werkstück.

◆ Ein ordentlicher Arbeitsplatz verhindert Verletzungen, weil Sie so nicht aus Versehen spitze Werkzeuge übersehen und in diese greifen können bzw. die Werkzeuge und Materialien nicht so leicht herunterfallen können.

Wichtige Sicherheitsregeln

- Achten Sie darauf, dass Ihr Arbeitsplatz kindersicher ist, d. h. dass Kinder nicht aus Versehen Geräte einschalten können, dass nichts Spitzes, Giftiges oder Schädliches frei zugänglich herumsteht und nichts so steht oder lagert, dass es umkippen oder herausgezogen werden kann und jemanden verletzen könnte. Am besten ist, wenn Sie den Arbeitsplatz in einem Raum einrichten, den Sie abschließen können!
- Tragen Sie geeignete, eng anliegende Kleidung.
- Legen Sie Schmuck, Uhren etc. auf alle Fälle vorher ab.
- Lose, lange Haare müssen zusammengebunden werden.
- Bei der Verwendung von elektrisch betriebenen Werkzeugen sollten Sie evtl. einen Gehörschutz tragen. Auch Sicherheitsschuhe sind empfehlenswert, da sie Verletzungen durch herabfallende Teile/Werkzeuge vermeiden.
- Bei manchen Arbeiten (z. B. solche, bei denen Splitter in die Luft geschleudert werden) empfiehlt es sich, eine Schutzbrille zu tragen.
- Bei Arbeiten an der Kreissäge, Tischfräse und Bandsäge sollte man niemals Handschuhe tragen, weil diese erfasst und mit der Hand ins Gerät gezogen werden könnten.
- Die Verwendung von sämtlichen Schutzeinrichtungen gilt sowohl bei portablen wie auch bei feststehenden Maschinen.

Workshop

Hinweis

◆ Ein sicherer Arbeitsplatz sowie die in diesem Kapitel aufgeführten Werkzeuge und Hilfsmittel werden für die meisten Modelle hier im Buch vorausgesetzt und nicht mehr separat in den jeweiligen Materiallisten mit aufgeführt.

◆ Günstige Schiebelehren mit digitaler Anzeige können problemlos in jedem Fachhandel gekauft werden. Mit ihnen geht das komplizierte Ablesen um ein Vielfaches einfacher.

Wichtige Hilfsmittel

Folgende Werkzeuge und Hilfsmittel sollten am besten immer bereitliegen, damit Sie Ihre Arbeit nicht immer wieder unterbrechen müssen:

Zollstock, Rollenmaß und Stahlmaßstab

Mit einem **Zollstock** können Sie Holzplatten oder Bretter ausmessen und eckige Formen anzeichnen. Das ist vor allen Dingen dann wichtig, wenn Sie Platten für Kleinmöbel oder Wohnraumaccessoires zuschneiden müssen. Die Metallkappe am Anfang dient dabei als Nullpunkt. Alternativ können Sie hier ein **Rollenmaß** verwenden, das sich mithilfe eines kleinen Hakens an der Holzkante einhängen lässt. Ganz genau misst ein **Stahlmaßstab**, der sogar eine Halbmillimetereinteilung besitzt!

Anschlagwinkel und Kopfmaß

Mit einem **Anschlagwinkel** zeichnen Sie rechte Winkel an bzw. überprüfen diese. Die Überprüfung ist vor allen Dingen im Rahmen des (Klein-)Möbelbaus zur Zwischenkontrolle immer wieder zu empfehlen. Zum Anreißen legen Sie den kürzeren Schenkel an der Werkstückskante an und fahren mit einem Bleistift an dem langen Schenkel entlang. Mit einem **Kopfmaß** (auch Schiebelehre oder Messschieber genannt) prüfen Sie den Durchmesser von Kugeln oder Rundholzstäben nach. Das ist vor allen Dingen dann wichtig, wenn Sie für ein Modell kleine Reststücke aus Ihrem Vorrat verwenden wollen.

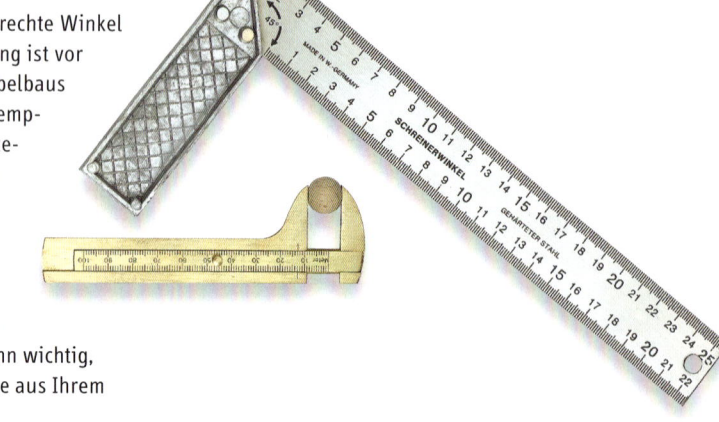

Wasserwaage

Eine Wasserwaage dient zur Kontrolle, ob Fächer, Schränke, Regale usw. gerade an der Wand bzw. am Boden etc. angebracht wurden.

Arbeitsplatz & Hilfsmittel

Schraubzwinge und Schraubstock

Schraubzwingen dürfen auf keinen Fall fehlen; Sie benötigen diese zum Fixieren des Werkstücks beim Bearbeiten. Erhältlich sind sie in verschiedenen Größen, wählen Sie die zum dem Werkstück passende aus. Das bewegliche Stahlspindelgewinde vor dem Einspannen des Werkstückes immer ganz zurückdrehen. Mit einem **Schraubstock** spannen Sie kleinere Werkstücke zum Glätten o. Ä. fest. Das Werkstück wird dazu mit ein wenig Überstand eingespannt. Achten Sie darauf, dass der Schraubstock selbst auch wirklich gut auf der Arbeitsplatte sitzt!

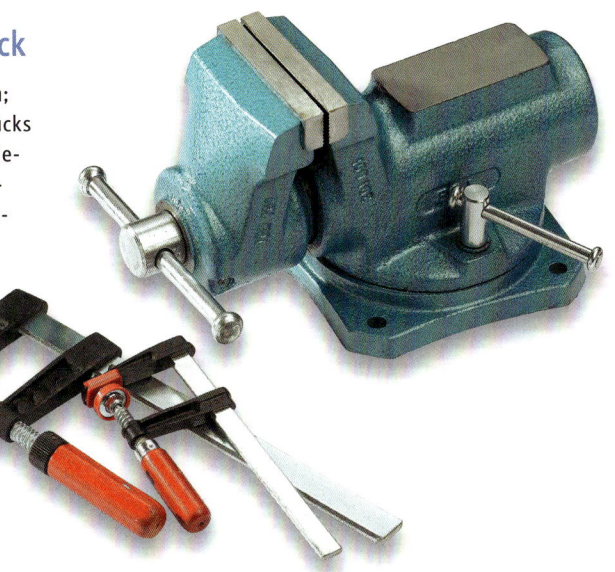

Tipps & Tricks

◆ Legen Sie beim Arbeiten mit Schraubzwingen bzw. dem Schraubstock immer kleine Restholzstücke unter, damit sich keine Abdrücke auf dem Holz abzeichnen können! Die Restholzstücke sorgen dafür, dass sich der Druck besser verteilt!

◆ Markieren Sie die Holzteile nach dem Zusägen mit kleinen Bleistiftsymbolen bzw. beschriften Sie sie, damit Sie sie beim anschließenden Zusammenbauen auch gut zuordnen können. Das ist vor allen Dingen dann wichtig, wenn Sie viele Einzelteile haben, die sich in der Größe nur minimal voneinander unterscheiden.

Bleistifte

Mit Bleistiften lassen sich die Maße und verschiedenen Markierungen am besten auf das Holz übertragen. Achten Sie darauf, hier immer genügend angespitze Exemplare bereit liegen zu haben.

Gehrungslade mit Feinsäge

Diese gibt es meistens zusammen im Set zu kaufen. Sie benötigen sie, um Leisten etc. in einem 45°-Winkel zuzusägen, wenn Sie dafür nicht extra zu einer Elektrosäge greifen wollen.

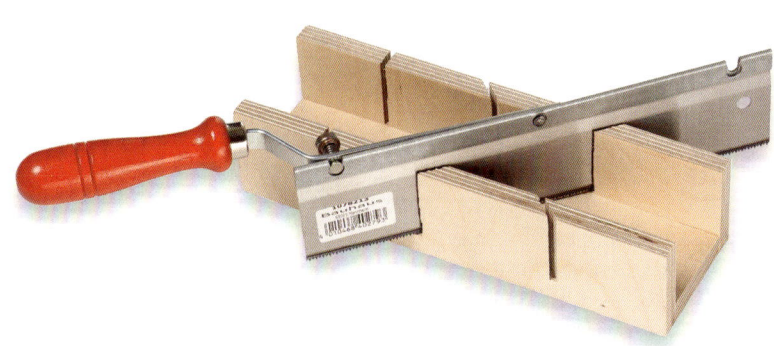

Stecheisen

Stecheisen, auch Stechbeitel genannt, verwendet man zum Einstemmen von Verbindungen und zum Ausstemmen von Löchern. Vorsichtig eingesetzt, kann es auch zum Entfernen von Leimresten oder zum Ebnen diverser Kanten verwendet werden, z. B. wenn mit Kantenumleimer gearbeitet wird (siehe Seite 43, „Arbeiten mit Kantenumleimer").

3 Holz sägen

Sie wissen nun, wie Sie das passende Material für Ihr Modell auswählen, wie Ihr Arbeitsplatz aussehen sollte und welches nützliche Zubehör bereit liegen sollte, damit Sie immer alles griffbereit haben und Ihre Arbeit nicht unterbrechen müssen. Dann geht es nun ans Aussägen der Motive und Modellteile. Wie bekommen Sie diese aber auf das Holz und dann wieder aus dem Holz und welche Säge bietet sich für welchen Holzwerkstoff an? Das erfahren Sie hier. Es werden unterschiedliche Methoden aufgeführt, wie Sie die Vorlagen zu den figürlichen Modellen auf das Holz übertragen können, und Sie erfahren, weshalb es so wichtig ist, die Maßangaben in den Materiallisten genau einzuhalten und wie Sie mit den Maßangaben der Montagezeichnungen hinten im Buch umgehen.

Natürlich lernen Sie auch verschiedene Sägen – die Dekupier-, die Stich-, die Kreis- und die Handkreissäge – genauer kennen und erfahren, welche wofür am besten geeignet ist, welche Sägeblätter Sie einsetzen sollten und welche Sicherheitsvorkehrungen für das gefahrlose Arbeiten mit diesen Maschinen unerlässlich sind.

Hinweis

◆ Einige Vorlagen in diesem Buch wurden verkleinert. Bevor Sie diese auf das Holz übertragen, müssen Sie sie einfach in einem Kopiergeschäft mit dem im Buch angegebenen Kopierfaktor vergrößern.

Tipps & Tricks

◆ Bei den Größenangaben der figürlichen Modelle ist die in den Materiallisten angegebene Holzgröße das Mindestmaß. Gerade Anfänger sollten etwas größere Stücke verwenden, diese lassen sich besser festhalten.

◆ Bei besonders großen Motiven empfiehlt es sich, die Vorlage hinten aus dem Buch abzupausen, in Stücke zu schneiden, diese Stücke dann jeweils mit dem angegebenen Vergrößerungsfaktor zu kopieren und die Vorlage anschließend wieder zusammenzusetzen. Auf diese Art und Weise erhalten Sie eine Vorlage in Originalgröße.

Die Handkreissäge lässt sich gut transportieren

Beim Arbeiten mit Vermaßungs- und Montageskizzen muss immer wieder nachgemessen werden

Vorlagen übertragen

Für die figürlichen Modelle in diesem Buch finden Sie hinten im Buch die benötigten Vorlagen. Vor dem Aussägen müssen diese allerdings auf das Holz übertragen werden. Dafür gibt es unterschiedliche Methoden, die hier kurz vorgestellt werden. Wichtig ist, dass Sie bei mehrteiligen Modellen beim Übertragen der Vorlagen darauf achten müssen, in welche Richtung die Holzmaserung verläuft, damit diese bei allen Teilen in die gleiche Richtung zeigt.

Übertragen mit Kohlepapier

Hierfür das Kohlepapier mit der beschichteten Seite nach unten auf das Holz legen und darauf die (evtl. auf Transparentpapier abgepauste) Vorlage platzieren. Am besten beides mit Kreppklebeband fixieren, damit nichts verrutschen kann. Dann die Linien mit einem Stift nachziehen.

Bevor Sie die Papiere wieder abnehmen, sollten Sie zuerst überprüfen, ob Sie auch wirklich alle Linien übertragen haben. Dazu die Vorlage an einer (!) Seite vorsichtig ablösen, anheben und nachschauen. Lösen Sie die Vorlage nicht ganz ab, weil Sie es vermutlich nicht mehr schaffen werden, sie wieder ganz exakt über den Linien zu platzieren.
Wer kein Kopierpapier bekommt bzw. wen später die dunklen Linien auf dem Holz stören, der kann stattdessen auch weißes oder gelbes Schneiderkopierpapier verwenden, das es bei den Kurzwaren (Nähbedarf) zu kaufen gibt.

Übertragen mit Transparentpapier

Dafür das Transparentpapier auf die Vorlage legen und mithilfe einer Büroklammer oder mit Kreppklebeband fixieren. Anschließend die Umrisse mit einem weichen Bleistift (B oder 2B) nachzeichnen bzw. schraffieren (siehe hinten im Bild). Dann das Transparentpapier wieder wenden, auf das Werkstück auflegen und mit einem harten, spitzen Bleistift (H oder 2H) oder einem leer geschriebenen Kugelschreiber die Linien nochmals nachfahren. Auf diese Art und Weise überträgt sich der auf der Rückseite haftende Bleistiftgrafit auf das Holz.

Hinweis

◆ Die Materialien, die Sie zum Übertragen von den Vorlagen benötigen, sind nicht mit in den speziellen Materiallisten mit aufgeführt. Bei der Kohlepapier-Methode wären das Kohle- oder Schneiderkopierpapier, die Vorlage (evtl. auf Transparentpapier abgepaust), Kreppklebeband und ein harter Stift. Bei der Transparentpapier-Methode benötigen Sie Transparentpapier, Kreppklebeband sowie einen harten und einen weichen Bleistift. Wer mit Schablonen arbeiten möchte, braucht Papier oder (dünnen) Karton sowie evtl. Transparentpapier.

Tipps & Tricks

◆ Für rein geometrische Formen können Sie auch klassische Messwerkzeuge wie Winkel, Meterstab, Rollmeter, Stahlmaßstab und Zirkel verwenden.

◆ Außenlinien lassen sich besonders gut mit der Kopierpapier-Methode übertragen, nicht aber feine Details (z. B. kleine Muster oder Gesichter), weil hier die feinen Linien durch den Farbauftrag verwischen. Um kleine Muster oder Gesichter auf bereits farbig grundierte Untergründe zu übertragen, nehmen Sie am besten die Transparentpapier-Methode.

Workshop

Tipps & Tricks

◆ Wichtig ist, dass Sie den Bleistift immer genau senkrecht halten, wenn Sie ein Motiv mithilfe einer Schablone auf das Holz übertragen. Nur so ist gewährleistet, dass das Motivteil seine Größe auch wirklich beibehält. Würden Sie es aus Versehen vergrößern, könnte das Motiv hinterher evtl. nicht mehr korrekt zusammengesetzt werden.

◆ Auch Bohrlochpositionen lassen sich mithilfe einer Schablone übertragen. Stanzen Sie dafür einfach mithilfe einer Lochzange Löcher in die entsprechenden Positionen und übertragen Sie diese mit einem spitzen Bleistift auf die entsprechenden Stellen des Holzes.

◆ Bei großen Motiven, wie z. B. dem Schaukeldino von Seite 108 ff., können Sie die Vorlagen auch mithilfe einer großen Papierschablone übertragen.

Hinweis

◆ Bei den Maßangaben, die hier in den Materiallisten aufgeführt werden, handelt es sich um die genauen Zuschnitte, die benötigt werden. Arbeiten Sie hier wirklich ganz exakt, damit sich das Modell hinterher auch problemlos zusammensetzen lässt.

Übertragen mit Schablonen

Werden Motive mehrmals benötigt (wie z. B. die Tiere der Arche Noah von Seite 104/105), dann empfiehlt sich ein Übertragen der Vorlagen mithilfe von Schablonen. Dafür übertragen Sie das Motiv entweder direkt auf dünnen Karton oder auf Transparentpapier und kleben dieses anschließend auf den Karton. Dann das Motiv mit einer scharfen Schere oder einem Schneidemesser ausschneiden.
Die so entstandene Schablone auf das Holz legen und mit einem spitzen Bleistift umfahren.

Arbeiten mit Maßangaben & Montagezeichnungen

Bei vielen Modellen hier im Buch werden einfach nur quadratische bzw. rechteckige Holzzuschnitte benötigt. Für diese finden Sie keine Vorlagen im Buch, sondern lediglich das benötigte Maß in der Materialliste angegeben. Die Maßangaben erfolgen dabei in mm. Bei technischen Zeichnungen ist darauf zu achten, dass die Zeichnungen mit den relevanten Maßen und Bezeichnungen erst einmal sorgfältig angeschaut werden. Diese enthalten wichtige Informationen, um den reibungslosen Zusammenbau zu garantieren! Des weiteren ist darauf zu achten, dass Ansichten nicht verwechselt werden, da sich sonst beispielsweise Löcher und Ausschnitte an der falschen Stelle befinden würden. Bei Maßen gilt es darauf zu achten ob es sich dabei um „Einzelmaße" handelt, die zusammen addiert werden müssen, oder ob es Gesamtmaße sind.

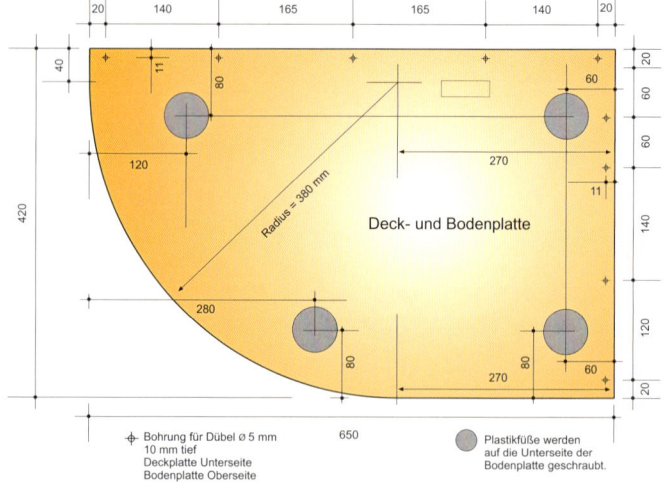

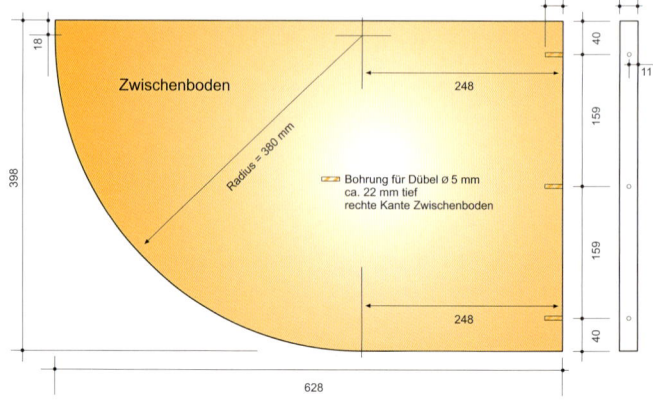

Welche Säge für welchen Holzwerkstoff?

Bevor erklärt wird, wie mit jeder Säge gearbeitet wird, soll die folgende Tabelle einen kurzen Überblick darüber geben, welche Säge überhaupt für welchen Holzwerkstoff geeignet ist.

Holzwerkstoff / Sägeart	Dekupiersäge	Stichsäge	Kreissäge
Sperrholz	gut geeignet	gut geeignet	gut geeignet
Leimholz	bis zu einer Holzstärke von max. 20 mm geeignet	gut geeignet	gut geeignet
Spanplatte	nur bedingt geeignet	gut geeignet	gut geeignet
MDF-Platte	nur bedingt geeignet	gut geeignet	gut geeignet
Massivholz	bis zu einer Holzstärke von max. 20 mm geeignet	nur bedingt geeignet	gut geeignet

Hinweis

◆ In den speziellen Materiallisten sind die jeweils benötigten Sägen nicht mit aufgeführt, da sich die Modelle oft mit verschiedenen Sägearten arbeiten lassen. Lesen Sie vorab hier nach, welche Säge für welchen Verwendungszweck am besten geeignet ist.

Workshop

Tipps & Tricks

◆ Üben Sie am Anfang mit feinzahnigen Sägeblättern und dünnem Holz und greifen Sie erst dann zu stärkerem Holz, wenn Sie sich mit Ihrer Säge vertraut gemacht haben.

◆ Wenn Sie nur wenige figürliche Modelle arbeiten, dann lohnt sich die Anschaffung einer Dekupiersäge wahrscheinlich eher nicht. Für bis zu 10 mm starkes Holz können Sie stattdessen auch zu der günstigeren Laubsäge greifen.

Hinweise

◆ Vor allem ein feines Sägeblatt wird immer versuchen, der Faserrichtung des Holzes zu folgen. Beachten Sie das, wenn Sie ganz exakte Schnitte machen wollen.

◆ Schnell lässt es sich mit einem Sägeblatt sägen, das wenige Zähne hat, die weit auseinander stehen. Besonders bei dünnem Holz besteht hierbei aber die Gefahr, dass die Schnittkanten ausreißen.

◆ Bei figürlichen Modellen empfiehlt es sich, das Holzstück vor dem Beginn der Sägearbeiten bereits grob auszusägen, sonst sind die Sägewege zu lang.

Sägen mit der Dekupiersäge

Die Dekupiersäge kann wie eine Laubsäge für ganz enge Kurven und eckige Formen eingesetzt werden. Wenn Sie viel sägen und auch gerne mit dickerem Holz bis zu einer Stärke von 25 mm arbeiten, lohnt sich die Anschaffung.

Eine wichtige Größe bei der Dekupiersäge ist die Ausladung, d. h., der Abstand zwischen Sägeblatt und Sägerücken. Diese begrenzt die Schnitttiefe beim Arbeiten, aber wenn das Werkstück um 180° gedreht wird, können doppelt so große Schnitte gemacht werden.

Zum Sägen werden preisgünstige Wegwerfsägeblätter verwendet. Üben Sie am besten am Anfang mit feinzahnigen Sägeblättern und dünnem Holz.

Beim Kauf der Dekupiersäge sollten Sie darauf achten, dass sich das Sägeblatt leicht lösen lässt, das werden Sie beim Sägen von Innenschnitten schätzen.

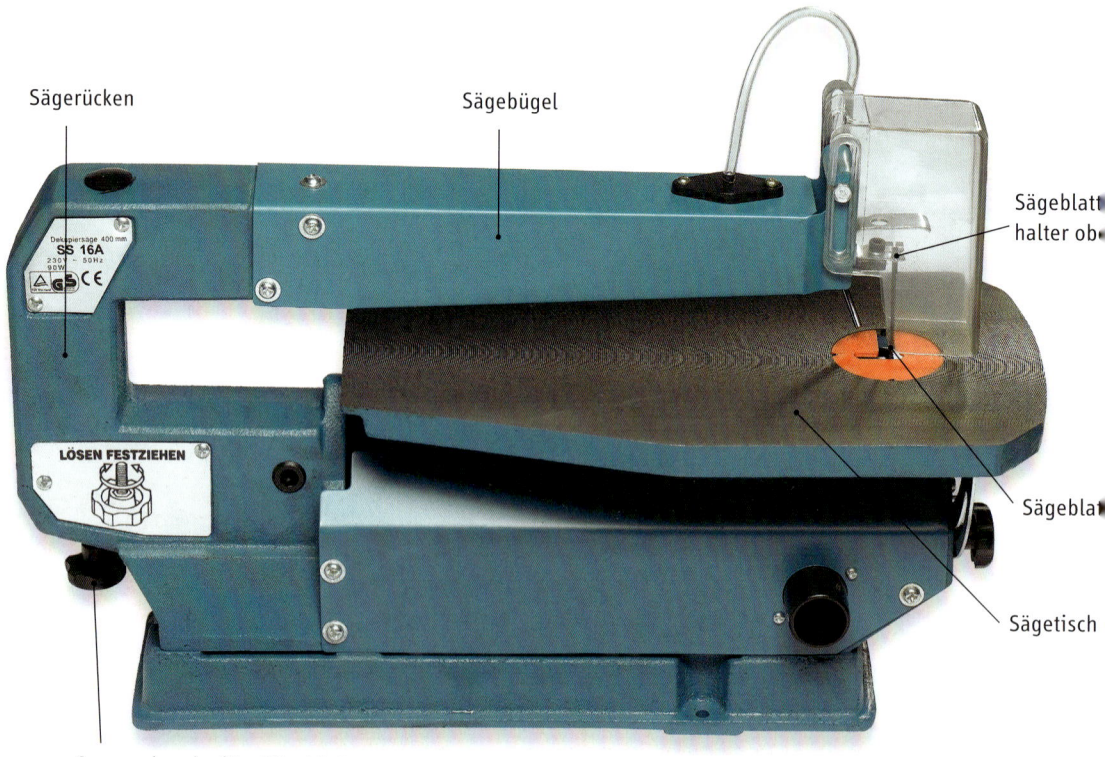

Sägerücken — Sägebügel — Sägeblatthalter oben — Sägeblatt — Sägetisch — Spannschraube fürs Sägeblatt

PROFITIPP

Welche Sägeblätter für welchen Zweck?

Eingesetzt werden können entweder Dekupiersägeblätter mit Querstift oder Laubsägeblätter. Wichtig ist, dass Sie die Stärke des Sägeblatts auf die Holzstärke und die Form des Werkstücks abstimmen. Für maximal 10 mm starkes Sperrholz sind Laubsägeblätter besonders gut geeignet. Damit Sie diese in die Dekupiersäge einsetzen können, müssen Sie sie in spezielle Klemmbacken spannen (siehe Foto).
Bei stärkerem Sperrholz oder auch Leimholz verwenden Sie feinzahnige Dekupiersägeblätter, für schnelle Schnitte in dickerem Holz grobzahnige.

Holz sägen

Sägeblatt einspannen

Das variiert von Hersteller zu Hersteller, lesen Sie also bitte genau die Anleitung zu Ihrem Modell durch. Es gilt: Sägeblätter mit Querstiften werden nur eingehängt, ein zusätzliches Verspannen sorgt allerdings für eine leichtere Kurvengängigkeit und so für ein besseres Schnittergebnis. Wichtig ist, dass die Spannung genau richtig sein muss, bei Über- oder Unterspannung kann das Sägeblatt nämlich reißen. Die Spannung kontrollieren Sie mithilfe der Sägeblattspannschraube.

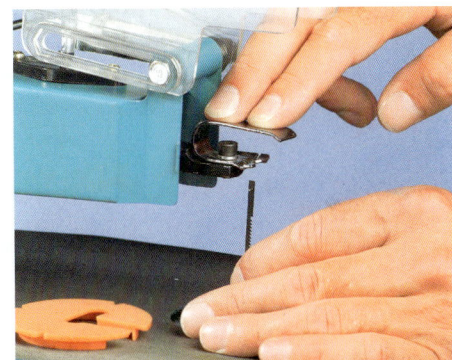

Löcher für Innenausschnitte bohren

Sollen Innenflächen, wie z. B. filigrane Muster, oder sehr spitze Ecken ausgesägt werden, dann bohren Sie ein Loch mit mind. ø 6 mm in den Teil des Holzes, der nicht mehr gebraucht wird (also das Abfallholz). Spannen Sie das Sägeblatt auf einer Seite aus der oberen Halterung aus, fädeln Sie es durch das eingebohrte Loch und spannen Sie es dann wieder ein.

Innenflächen aussägen

Jetzt können die Innenflächen herausgesägt werden, indem Sie von dem Loch aus zur den vorgezeichneten Linien und dann auf den Linien sägen. Führen Sie das Holz vorsichtig und mit wenig Druck zum Sägeblatt und drücken Sie es beim Sägen nach unten.

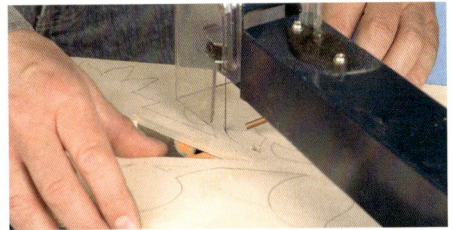

Außenkonturen sägen

Jetzt sind die Außenkonturen an der Reihe. Auch hier gilt, dass Sie das Werkstück gegen das Sägeblatt schieben müssen. Beachten Sie, dass die Dekupiersäge nur bei der Abwärtsbewegung schneidet. Sie dürfen nicht zu viel Druck gegen das Sägeblatt ausüben, weil dieses sonst überhitzt oder reißt. Bei spitzwinkligen Ecken empfiehlt es sich, das Sägeblatt vorsichtig aus dem Sägeschlitz zu ziehen und ein einem anderen Winkel noch einmal anzusetzen.

Kanten glätten und entstauben

Eigentlich sind die Schnittflächen recht glatt, evtl. verbleibende Grate entfernen Sie mithilfe einer Feile. Zum Schluss glätten Sie das Modell, insbesondere die Kanten, mit Schleifpapier. Für schwierig von Hand zu erreichende, enge Einkerbungen und Ecken umwickeln Sie dafür eine kleine Feile oder ein schmales Restholzstück mit dem Schleifpapier. Halten Sie das Werkstück dabei gut fest, entweder von Hand oder mithilfe einer Schraubzwinge. Den Säge- und Schleifstaub entfernen Sie mit einem weichen Tuch.

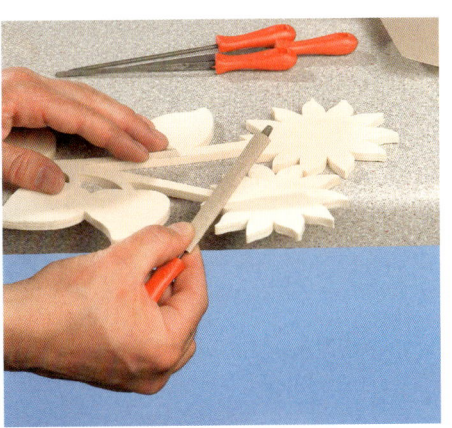

Tipps & Tricks

- Bei filigranen, dünnen Motiven wird immer zuerst die Innenfläche ausgesägt und erst dann die Außenkontur, damit das Motiv nicht aus Versehen bricht.

- Enge Kurven sägen Sie am besten sehr langsam und vorsichtig.

- Wenn Sie das Werkstück zum Abschleifen in eine Schraubzwinge einspannen, dann empfiehlt es sich, dabei kleine Restholzstücke unterzulegen, damit keine Abdrücke auf dem Holz entstehen. Die Restholzstücke werden in dem Zusammenhang als „Zulagen" bezeichnet.

Workshop

Tipps & Tricks

◆ Die Stichsäge ist ein wahres Allround-Talent und für jeden Haushalt eine sinnvolle Ergänzung.

◆ Wenn Sie Werkstücke aus dünnem Sperrholz mit der Stichsäge aussägen wollen, dann empfiehlt es sich, hier seitenverkehrt zu arbeiten, ein feines Sägeblatt zu verwenden und dünne, abstehende Teile seitlich abzustützen, damit diese nicht aus Versehen abbrechen. Sonst besteht die Gefahr, dass das Holz auf der Oberseite splittert.

◆ Es gilt: Je dünner das Holz, desto feiner muss die Zahnung des Sägeblattes sein.

Sägen mit der Stichsäge

Die Stichsäge ist ein wahres Allround-Talent. Neben Holz können Sie mit ihr auch Metall, Gipskarton und Kunststoff durchtrennen, sofern Sie dafür spezielle Sägeblätter nehmen, und sowohl lange Parallelschnitte wie auch enge Kurven schneiden. Somit lassen sich mit ihr schon sehr viele – auch größere – Holzmodelle arbeiten.

Mit einer Stichsäge können Sie bis zu 50 mm starkes Massivholz sowie alle anderen Holzwerkstoffe problemlos schneiden. Bei dünnerem Holz genügt dabei eine normale Stichsäge, bei dickerem greifen Sie zu einer Pendelhub-Stichsäge, bei der die Schnittlinien allerdings etwas gröber sind. Hier lässt sich im Bedarfsfall der Pendelhub aber auch ausschalten. Ganz bequem wird es mit einer Stichsäge mit Drehzahlelektronik, bei der sich die Hubzahl perfekt an das Material anpassen lässt.

Schalter für Dauerbetrieb
Stellrad für Hubzahlvorwahl
Zuschalter für Pendelhub
Führungsrolle
Fußplatte
Sägeblatt

PROFITIPP

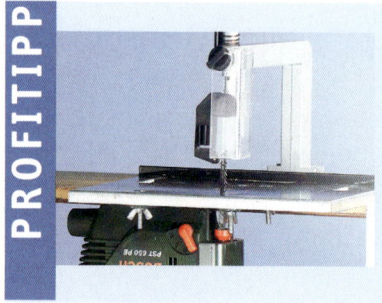

Mit dem Sägetisch
Wer vor allen Dingen kleine Teile, wie Dekorationsgegenstände o. Ä., aussägen möchte, der besorgt sich am besten einen Sägetisch. An diesem wird die Stichsäge von unten fixiert und Sie haben nun wieder beide Hände frei, um das Werkstück zu führen.

Holz sägen

Sägeblatt einsetzen

1 Wie bei der Dekupiersäge gilt auch hier, dass das Einspannen des Sägeblatts von Hersteller zu Hersteller leicht variieren kann; orientieren Sie sich hier bitte an der jeweiligen Anleitung. Die meisten Stichsägen sind für den Blattwechsel mit einem sogenannten Schnellspannsystem ausgerüstet. Wichtig ist, dass immer der ungezahnte Blattrücken in der Rille der Führungsrolle liegen muss.

Löcher bohren

2 An engen Stellen oder für Innenausschnitte müssen auch hier Löcher vorgebohrt werden (eine Alternative dazu sind Entlastungsschnitte, siehe 4.), um die im Vergleich zur Dekupiersäge breiteren Sägeblätter einführen zu können. Dazu verwenden Sie am besten dickere Holzbohrer.

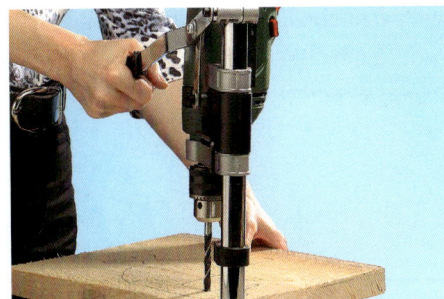

Werkstück aussägen

3 Um das Werkstück auszusägen, müssen Sie es mit Schraubzwingen auf der Arbeitsplatte befestigen. Die Säge wird dann direkt neben der markierten Linie, also auf der Abfallseite, mit gleichmäßiger Geschwindigkeit geführt. Achten Sie dabei darauf, dass die Fußplatte der Säge immer eben und fest aufliegt. Zum Ende des Schnitts hin den Druck verringern und die Säge dann ausschalten.

Entlastungsschnitt

4 Für enge Kurvenschnitte bohren Sie entweder Löcher (siehe 2.) oder machen einen sogenannten Entlastungsschnitt. Dazu schalten Sie die Säge aus, ziehen sie aus dem ersten Schnitt und setzen sie mit einem anderen Winkel wieder an. Nun sägen Sie, wie gehabt, auf den bereits vorhandenen Schnitt zu.

Kanten glätten

5 Zum Schluss glätten Sie die Kanten zuerst mit der Feile und anschließend mit Schleifpapier. Das geht am besten, wenn Sie die Feile mit beiden Händen führen: Eine hält den Griff, die andere drückt das Blattende auf das Werkstück. Die Feile muss schräg und vom Körper weg geführt werden. Im Anschluss glätten Sie die Kanten mit Schleifpapier.

Achtung!

◆ Ziehen Sie immer den Stecker, wenn Sie einen Sägeblattwechsel machen, um ein ungewolltes Anschalten der Säge zu verhindern.

◆ Verbogene, unscharfe oder beschädigte Sägeblätter müssen Sie sofort austauschen, sonst besteht Verletzungsgefahr. Aus dem gleichen Grund darf die Stichsäge immer erst dann aus dem Werkstück genommen werden, wenn sie vollständig still steht.

Tipps & Tricks

◆ Um gerade Schnitte mit der Stichsäge zu machen, können Sie eine Leiste auf das Werkstück spannen, an der die Fußplatte der Säge entlang geführt wird. Dabei den Abstand von der Fußplattenseite bis zum Sägeblatt mit einrechnen!.

Workshop

Tipps & Tricks

◆ Grundsätzlich empfiehlt es sich, immer das passende Untergestell für die Tischkreissäge mitzukaufen. Das erleichtert die Arbeit um ein Vielfaches. Die dadurch entstandene „Höhe" ermöglicht ein präzises Arbeiten mit sämtlichen Werkstücken und schont den Rücken und die Gelenke beim Auflegen des Werkstücks, weil das unnötige Bücken entfällt.

◆ Es empfiehlt sich der Kauf eines Markenprodukts, weil dieses meistens schon über umfangreicheres, nützliches Zubehör verfügt.

Sägen mit der (Tisch-)Kreissäge

Die Tischkreissäge ist für exakte Formatzuschnitte aller Hölzer geeignet. Wird sie mit speziellen Sägeblättern ausgerüstet, dann kann mit ihr auch Kunststoff sowie nicht eisenhaltiges Metall gesägt werden. Die Formatkreissäge verfügt über Anschläge sowohl links als auch rechts vom Sägeblatt. Mit dem rechts angebrachten Parallelanschlag lassen sich größere Platten mühelos aufteilen und längere Teile in der richtigen Breite zusägen, indem sie exakt am Anschlag entlang geführt werden.

Der zusätzlich anzubringende Längs- bzw. Winkelanschlag ermöglicht ein exaktes Ablängen bzw. Winkelschneiden der Platte. Der Winkel lässt sich dabei mithilfe einer angebrachten Skala am Queranschlag leicht einstellen. Ein 45-Grad-Winkel, wie er zu einer Eckverbindung auf Gehrung notwendig ist (siehe dazu auch Seite 50, „Eckverbindung auf Gehrung") ist somit kein Problem. Zur Standardsicherheitseinrichtung aller Tischkreissägen gehören eine Schutzhaube, angebracht über dem Sägeblatt (mit Auszugsvorrichtung), der Schiebestock zum Entlangführen von schmalen Leisten am Parallelanschlag sowie ein Notausschalter.

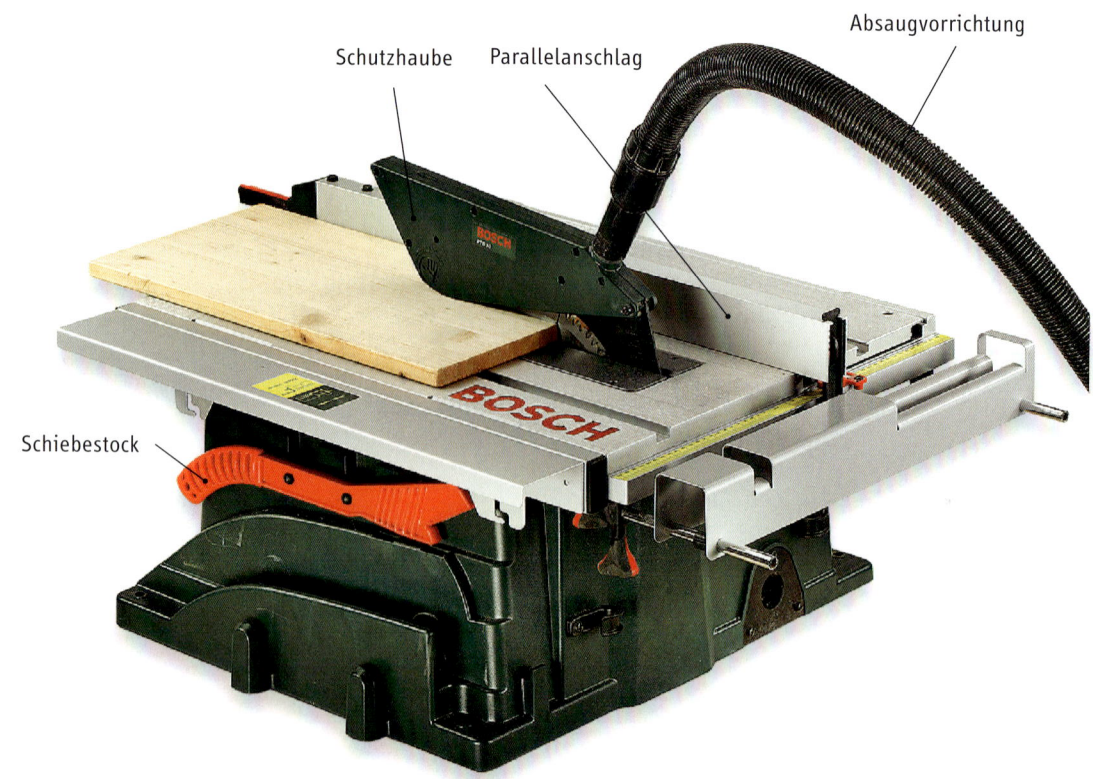

PROFITIPP

Kappsäge

Kalkulieren Sie bei einer (Tisch-)Kreissäge ein, dass der Schnitt ca. 3 mm breit ist; bei einer Stichsäge ist der Schnitt ca. 1,5 mm bis 2 mm breit. Sollte mal ein Einschnitt nicht stimmen und Sie müssen neu ansetzen, kommen hier schnell mehrere Zentimeter zusammen.

Sägeblatt einbauen

Das Einbauen des Sägeblatts hängt vom Modelltyp ab, hierbei die Herstellerangaben beachten. Grundsätzlich muss ein Spaltkeil eingebaut sein. Dieser steht 1,1 mm unterhalb der Zahnspitze, hält die Schnittlänge offen und verhindert, dass das Werkstück oder abfallende Teile vom aufsteigenden Sägeblatt ergriffen und in Richtung des Benutzers geschleudert werden. Nach dem Einbau die Schutzhaube über dem Sägeblatt neu ausrichten.

Besäumen bzw. Anschneiden von Holzwerkstoffen

Das bedeutet, dass eine gerade Kante erreicht wird. Hierfür wird der bei gut ausgestatteten Kreissägen zugehörige Niederhalter in die vorgesehene Halterung auf den Kreissägetisch (Rollwagen) eingesetzt und angezogen. Das Brett wird dort im vorderen Bereich „eingeklemmt" und niedergedrückt. Der Anschnitt kann nun entlang des Sägeblatts erfolgen.

Sägen am Parallelanschlag

Das wird gemacht, um das Werkstück auf die richtige Breite zuzusägen. Dazu den Parallelanschlag auf das gewünschte Maß einstellen. Das Werkstück nun von Hand exakt am Anschlag entlang des Sägeblatts vorbeiführen. Dabei ist zu beachten, dass bei Werkstücken unter 130 mm immer der dazugehörige Schiebestock eingesetzt werden muss, um zu vermeiden, dass die Hand in das Sägeblatt gerät.

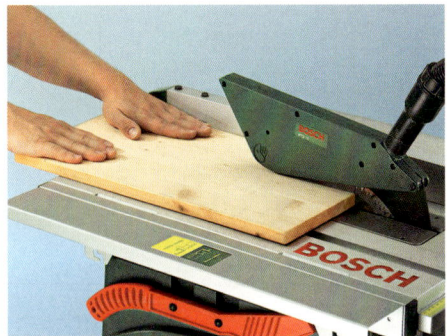

Sägen mit dem Quer-/Winkelanschlag

Das wird gemacht, um das Werkstück abzulängen bzw. einen Winkel anzuschneiden. Dafür im ersten Schritt den mitgeliefertem Queranschlag anbauen bzw. ansetzen und festziehen. Der Anschlag für die Länge kann mithilfe der Skala eingestellt werden. Zusätzlich können Sie den Winkel, der ebenso an einer Skala abzulesen ist, einstellen. Beim Sägen darauf achten, dass die Platte an den Anschlag angedrückt wird, um die gewünschte Maßgenauigkeit zu erzielen.

Gehrungen sägen

Dies ist notwendig, wenn Sie Eckverbindungen auf Gehrung (siehe Seite 50) herstellen wollen. Dafür das Sägeblatt auf 45° bzw. 45,5° (siehe Tipp) schwenken und das Werkstück mithilfe des Parallel- oder Queranschlags am schräggestellten Sägeblatt entlangführen. Hierbei ist zu beachten, dass bei am Parallelanschlag gesägten Gehrungen die Außenseite des Werkstücks auf dem Maschinentisch liegt.

Achtung!

◆ Die Verwendung von Sicherheitseinrichtungen müssen in jedem Fall eingehalten werden. Verletzungsrisiko! Es empfiehlt sich außerdem, einen Gehörschutz zu tragen!

Hinweis

◆ Einige Arbeitsschritte werden hier der besseren Übersichtlichkeit halber mit der Kapp-/Tischkreissägen-Kombination gezeigt.

Tipps & Tricks

◆ Gehrungen sollten auf 45,5° geschnitten werden, da der Holzleim beim Verleimen Platz braucht. So können exakte 90° erreicht werden.

◆ Die Verwendung eines für den jeweiligen Schnitt geeigneten und scharfen Sägeblatts erleichtert die Arbeit und führt zu guten Ergebnissen.

◆ Zum Absaugen beim Arbeiten mit einer Tischkreissäge eignet sich hervorragend ein Industriestaubsauger. Er hat genügend Absaugleistung und ist sehr robust.

Workshop

Sägen mit der Handkreissäge

Tipps & Tricks

◆ Eine Führungsschiene ist durch ihre schnelle Anbringung und eine hohe Genauigkeit bei einem häufigen Einsatz empfehlenswert.

◆ Der Kauf einer Handkreissäge als „Tauchsäge" ist von großem Vorteil, da Ausschnitte, wie z. B. für eine Spüle in einer Küchenarbeitsplatte, problemlos und ohne großen Zeitaufwand erledigt werden können. Es kann also jeder Ausschnitt ohne die Vorarbeiten ausgeführt werden, die sonst beim Arbeiten mit der Stichsäge anfallen würden.

◆ Was Sie hier in dem nebenstehenden Bild sehen ist eine Kombination aus einer Kappund Tischkreissäge. Für Heimwerker eignet sie sich z.B. gut, um damit Laminat oder Leisten abzulängen oder auch, um Kanten abzuschrägen (für Gehrungen). Um Bretter auf Format zuzuschneiden ist sie ungeeignet.

Die Handkreissäge unterscheidet sich von einer Tischkreissäge vor allem in der Transportabilität. Während bei stationären Maschinen (wie einer Tischkreissäge) das Werkstück über den Tisch geführt wird, wird bei der Handkreissäge das Werkzeug über das Werkstück geführt. Die Grundplatte ist hierbei im Vergleich zu der stationären Kreissäge relativ klein. Das Sägeblatt ist nach oben hin verdeckt, um Verletzungen zu vermeiden. Der untere Teil ist ebenso mit einem Schutz bedeckt, der erst beim Eindringen in das Werkstück zurückgeschoben wird. Bei langen Schnitten wird als Führung eine Holzleiste oder Wasserwaage genommen, die am Werkstück befestigt wird. Es gibt jedoch auch Modelle, die mit einer Führungsleiste ausgestattet sind.

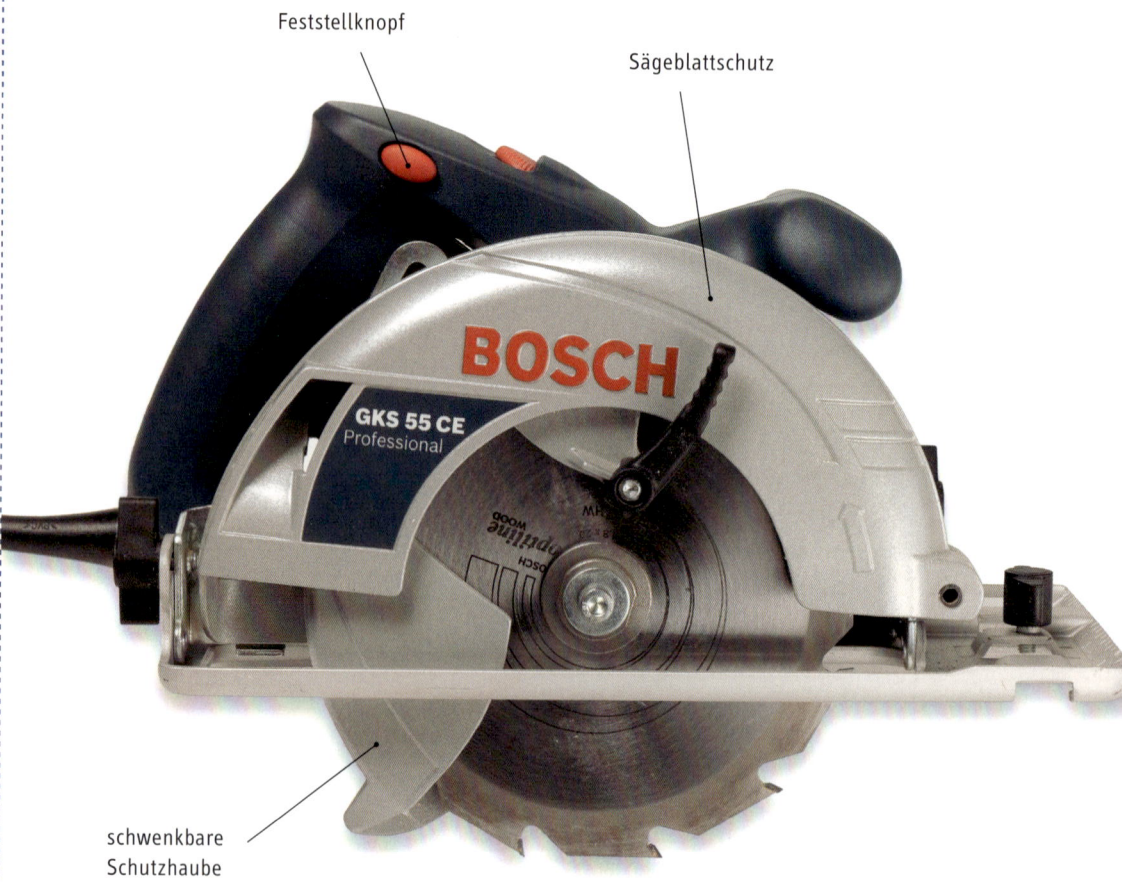

Feststellknopf

Sägeblattschutz

schwenkbare Schutzhaube

Holz sägen

Sägeblatt einspannen

Das Einspannen des Sägeblatts hängt vom Modelltyp ab, bitte beachten Sie hierzu die Herstellerangaben. Der Spaltkeil und die Sägeblattverkleidung müssen eingestellt bzw. angebracht werden.

1

Anzeichnen der Schnittfuge

Bei einer Handkreissäge ist das Ausmessen und Einzeichnen des Schnitts ist sehr wichtig, um später das richtige Maß der Platte zu erhalten. Der Abstand des selbstgebauten Anschlages muss dabei bis zur Schnittfuge hin ausgerechnet werden. Wenn eine Führungsschiene vorhanden ist, wird diese nach Anleitung angelegt.

2

Sägen des Werkstücks

Nun die Handkreissäge an der gewählten Führung angesetzt, einschalten und mit gleichmäßigem Tempo am Anschlag entlang schieben.

3

Achtung!

◆ Die Sicherheitseinrichtungen müssen verwendet werden, sonst besteht ein Verletzungsrisiko! Auch beim Arbeiten mit der Handkreissäge ist es ratsam, einen Gehörschutz zu tragen!

◆ Setzen Sie die Handkreissäge erst nach dem Auslaufen des Sägeblatts ab. Ein auslaufendes Sägeblatt kann sonst beim Absetzen Beschädigungen bzw. Verletzungen verursachen, weil der Sägeblattschutz noch nicht in die Grundstellung zurückgegangen ist.

Hinweis

◆ Sichern Sie abfallende Teile unbedingt gegen ein Herunterfallen bzw. stützen Sie diese ab, weil Sie sich sonst verletzen könnten bzw. oder die Gefahr von Beschädigungen besteht.

Tipps & Tricks

◆ Gute und vor allem nachzuschärfende Sägeblätter sind bei Schärfdiensten (sehen Sie im Branchenbuch nach!) und Sägeblattherstellern zu bekommen. Dort kann man auch auf den jeweiligen Bedarf eingehen und eine entsprechende Beratung bieten.

Kleine Sägeblattkunde

Die bekanntesten Sägeblattarten für die Tisch- und die Handkreissäge sind das Wechselzahnsägeblatt und kombinierte Zahnformen wie der Flach-Trapezzahn.

Das **Wechselzahnblatt** (im Bild rechts hinten) ist für Format-schnitte in Plattenwerkstoffe sowie Querschnitte in Massivhölzern geeignet.

Der **Flach-Trapezzahn** (im Bild vorne links) ist für Formatschnitte in mit Kunststoff beschichtete Plattenwerkstoffe geeignet.

Astscheiben-Rahmen

Den Holzbilderrahmen mit Beize grundieren und trocknen lassen. Von den Ästen ca. 5 mm starke Scheiben abschneiden und mit der Heißklebepistole auf den Rahmen kleben.

Tipps & Tricks

♦ Bei dünnen Ästen können Sie die Astscheiben auch mit der Gartenzange oder einer Baumschere abknipsen.

♦ Bündeln Sie am besten mehrere Äste fest mit Kreppklebeband zusammen, dann können Sie mehrere Scheiben auf einmal abschneiden.

Modellhöhe
abhängig vom Bilderrahmen

Material
♦ rohen Holzbilderrahmen
♦ verschiedene Äste, ø 10–25 mm
♦ Beize in Nussbaum

Ideeninsel

Modellhöhe
ca. 200 mm

Material
♦ Fichte-Leimholz, 20 mm stark:
  – 200 mm x 200 mm
♦ Vierkantleisten, 20 mm x 20 mm:
  – 4x 200 mm lang
♦ Edelstahlblech, 1,5 mm stark:
  – 175 mm x 175 mm
♦ Schiffslack oder Außenlasur
♦ 2 Schrauben, 3 mm x 25 mm
♦ Bohrer, ø 10 mm

Montageskizze
Seite 114

Katzen-Duo

Die Katzen mit einer Stich- oder Dekupiersäge aussägen. Zum einfacheren Sägen an engen Stellen Löcher zum Wenden des Sägeblatts einbohren.
Beim Sägen jeweils auf der rechten Seite des Tieres beginnen und um den Körper herum bis zwischen Schwanz und Körper sägen. Dann das Sägeblatt aus dem Schnitt ziehen und von der anderen Körperseite um den Schwanz herum auf den ersten Schnitt zusägen. So wird der Winkel zwischen Schwanz und Körper schön spitz.
Anschließend die Tiere mit Feile und Schleifpapier versäubern.

Modellhöhe
ca. 250 mm und 300 mm

Material
- Leimholz, 18 mm stark:
  – 400 mm x 500 mm

Vorlagen
Seite 127

Holz sägen

Hausnummer

Zuerst die Zahlen aufzeichnen, mit der Stichsäge aussägen und säubern. Dabei darauf achten, dass die Zahlen so aufgezeichnet werden, dass sie einen Abstand von mindestens 25 mm zum Rand aufweisen (wg. der Leisten, die später aufgebracht werden).
Die Leisten für die Rückseite fälzen (d. h. mithilfe der Kreissäge wenig Holz in Sägeblatt-Breite abnehmen, siehe dazu Vorlage), auf Gehrung zuschneiden und zu einem U-förmigen Rahmen verleimen. Diesen Rahmen von hinten auf die Hausnummer leimen, und zwar so, dass die Öffnung nach oben zeigt; die gefälzte Seite liegt dabei innen. Das Edelstahlblech in den Falz schieben.
Die letzte Leiste oben nicht aufleimen, sondern nur mit zwei Schrauben anschrauben, damit sie wieder abgenommen werden kann, um ggf. das Edelstahlblech auszutauschen. Man spricht hier auch von einer sogenannten Revisionsleiste.
Anschließend das Ganze verschleifen und die Hausnummer mit Schiffslack überziehen.

Tipps & Tricks

- Das Edelstahl kann auch durch farbiges Glas ersetzt werden, das bei entsprechend starken Leisten noch mit einer Lampe hinterleuchtet werden kann.

- Vorlagen für Zahlen finden Sie im Internet oder Sie verwenden entsprechende Zahlenschablonen, die Sie auf die gewünschte Größe vergrößern.

4 Fräsen & schnitzen

Bei manchen Modellen werden Sie nun nach dem Zu- bzw. Aussägen die Kanten noch abrunden und die Oberfläche mit eingeschnitzen oder eingefrästen Mustern versehen wollen, damit sie besonders schön aussehen. Für andere Modelle (wie z. B. die Tropfenuhr von Seite 34) brauchen Sie die Oberfräse, um Teile einzulassen. Deshalb erklären wir hier kurz den Umgang mit der Oberfräse und ausgewählten Schnitz-Werkzeugen, quasi als erste Einführung in diese Themen. Wer daran Gefallen gefunden hat und sich näher mit diesen Thematiken beschäftigen möchte, für den empfiehlt es sich aber, sich dazu weitere Literatur zu beschaffen.

Hinweis

- Hier im Buch kann aus Platzgründen leider nur eine ganz kurze Einführung in die Themen „Arbeiten mit der Oberfräse" und „Schnitzen" gegeben werden. Beim Schnitzen haben wir uns in erster Linie auf dekorative Einkerbungen bzw. das Reliefschnitzen konzentriert. Wenn Sie sich näher mit dem Schnitzen beschäftigen möchten, dann lohnt sich für Sie vielleicht der Titel „1x1 Schnitzen. Grundlagen und Techniken" (ISBN 978-3-7724-5068-6), der in der gleichen Buchreihe beim frechverlag erschienen ist. Dort wird z. B. auch erklärt, wie das plastische Schnitzen geht, wie die Werkzeuge gepflegt werden müssen usw.

Die Oberfräse eignet sich zum Einfräsen von Nuten, zum Kantenfräsen und zum Profilieren

Absaugvorrichtung

verschiedene Fräser für unterschiedliche Zwecke

Fräsen & schnitzen

Arbeiten mit der Oberfräse

Die Oberfräse

Die Oberfräse ist eine kleine portable Handmaschine, die sich zum Einfräsen von Nuten, zum Kantenfräsen und profilieren sowie zum Schablonenbau und zum Freihandfräsen eignet. Sie ist mit zwei Führungssäulen mit Griffen ausgestattet, die für das Bewegen der Fräse von Hand vorgesehen sind. In der Mitte im unteren Teil befindet sich die Spannzange, in welche die für den jeweiligen Zweck geeigneten Fräser eingespannt werden. Die Scharffräser sind teilweise mit Anlaufringen ausgestattet, die ein tieferes Eindringen als bündig zur Fläche verhindern. Die Oberfräse wird ohne eine entsprechende Tischkonstruktion grundsätzlich von oben auf das Werkstück aufgesetzt und von Hand über die Oberfläche geführt. Für bessere Sichtverhältnisse sorgt bei den meisten Modelltypen die angebrachte Absaugvorrichtung. Die Laufsohle ist mit Kunststoff beschichtet, um Kratzer in der Oberfläche zu verhindern.

Hinweis

◆ Es ist zu empfehlen, ein Markenmodell zu kaufen. Anschläge, Schrauben, Lager etc. können sonst schnell Verschleißspuren aufweisen und ein genaues Arbeiten ist dann nicht mehr gewährleistet. Achten Sie beim Kauf darauf, welche Zubehörteile mitgeliefert werden, damit Sie nicht zu einem späteren Zeitpunkt das Zubehör teuer nachkaufen müssen.

Tipps & Tricks

◆ Die Schneiden von Oberfräsen sind sehr empfindlich und sollten sorgsam behandelt werden. Vermeiden Sie, dass diese Kontakt zu Metallteilen bekommen. Eine gute Aufbewahrungsmöglichkeit ist z. B. eine Leiste mit Löchern im entsprechenden Abstand.

Verschiedene Fräser

Folgende Fräser sind für die jeweils aufgeführten Zwecke geeignet:

- Der **Schaftfräser mit geraden Schneiden** (im Bild oben) dient zum Fügen (d. h. Kanten anfräsen), zum Fräsen eines Falzes und zum Einbringen von Nuten in Massivhölze sowie Plattenwerkstoffe. Er kann eine ein- oder zweischneidige Ausführung haben.

- Der **Schaftfräser (Kantenfase oder Abrundfräser)** (im Bild in der Mitte; hier Abrundfräser) dient zum Abrunden oder Fasen (d. h. einer Kante eine Schräge zu verleihen) von Massivholzanleimern, Furnieren und Kunststoffkanten sowie Massivholz und Holzwerkstoffen. Der Fräser ist am Ende mit einem Anlaufring ausgestattet, um ein ungewolltes Eindringen in die Fläche zu vermeiden.

- Der **Schaftfräser mit Profilmesser** (im Bild unten) dient zum Profilieren von Kanten und ist wie der Abrund-/Fasenfräser mit einem Anlaufring ausgestattet.

Workshop

Achtung!

◆ Verwenden Sie niemals stumpfe Fräser. Verbrennungen am Holz sowie ein hohes Verletzungsrisiko können die Folge sein.

◆ Ziehen Sie beim Fräserwechsel immer den Stecker, um ein ungewolltes Anschalten der Oberfräse zu verhindern.

Tipps & Tricks

◆ Sollte bei Ihrem Modell kein Parallelanschlag als Zubehör vorhanden sein, können Sie dafür auch eine eingemessene, festgespannten Leiste/Wasserwaage nehmen. Falls ein sogenannter Revolveranschlag vorhanden ist, lässt sich dieser prima für Tiefenzustellungen benutzen.

Fräser einsetzen

Nach dem Aussuchen des gewünschten Fräsers wird dieser in die Spannzange der Oberfräse eingesetzt und festgezogen. Dies ist nach Modelltyp unterschiedlich und sollte nach der Gebrauchsanweisung des Herstellers erfolgen.

Drehzahl einstellen

Die Drehzahl kann bei den meisten Modellen stufenlos am Drehzahlregler eingestellt werden. Die einzustellende Drehzahl ist auf dem Werkzeugschaft des Fräsers aufgedruckt, muss unbedingt beachtet und darf niemals überschritten werden.

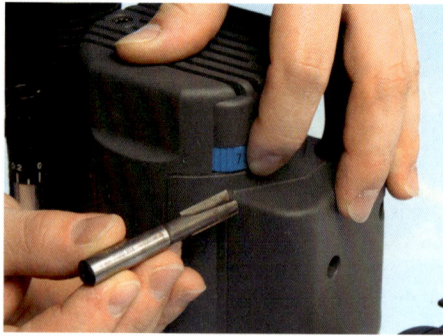

Tiefeneinstellung

Der Feststellknopf ist hier bei den meisten Modellen einer der beiden Haltegriffe, der aufgedreht und nach gewünschter Einstellung wieder zugedreht wird. Er sollte immer so fest sein, dass ein ungewolltes Aufdrehen beim Fräsen verhindert wird. Mit der Tiefeneinstellung legen Sie fest, wie weit der Fräser eindringt.

Absaugung

Wenn es eine Anschlussvorrichtung zum Absaugen gibt, dann sollte diese nun angebracht werden. So ist eine freie Sicht auf den Fräser und das Werkstück immer gewährleistet und Sie vermeiden so evtl. Ungenauigkeiten, die durch schlechte Sicht entstehen würden.

Anbringen von Anschlägen

Bei vielen Oberfräsen wird ein Parallelanschlag mitgeliefert, der mithilfe zweier Stangen befestigt und geführt wird, die an der Grundplatte gehalten werden. Mit diesen Anschlägen können Sie parallel nuten z. B. parallel zur Kante.

Fräsen & schnitzen

Schnitzen

Eine andere Möglichkeit, der Holzoberfläche raffinierte Akzente zu verleihen, erfolgt mithilfe von Schnitzwerkzeugen wie dem Schnitzeisen und dem Bildhauerklüpfel. Mit dieser ersten, einfachen Grundausstattung können Sie zum Beispiel Kerben oder Reliefs ins Holz machen, die Ihre Modelle besonders interessant aussehen lassen. Ein bisschen Übung ist allerdings schon gefragt.

Schnitzeisen sind in sehr vielen verschiedenen Formen, Krümmungen und Breiten erhältlich. Auf den Eisen finden Sie spezielle Nummerierungen, die sich jeweils auf die Krümmung der Schneide und der Klinge beziehen. **Kerbschnitzmesser** bzw. **Balleisen** (im Bild die drei recht oben) werden z. B., wie der Name schon andeutet, hauptsächlich zum Kerbschnitzen, also zum Einschneiden von Kerben in das Holz verwendet. **Flacheisen** (im Bild links oben), die, anders als ihr Name vermuten lässt, eine leichte Wölbung haben, werden oft zum Grund- und Flächenabtrag verwendet. **Hohleisen** (im Bild Mitte rechts) werden sowohl zum Glätten wie auch zum Abtragen von Holz verwendet. Die **Bohrer** (im Bild Mitte links) eignen sich sehr gut zum Schnitzen von rillenförmigen Vertiefungen und für Hinterschneidungen. Wenn man sehr viel oder hartes Holz abtragen möchte, ist es hilfreich, die Schnitzeisen mit dem **Bildhauerklüpfel** (im Bild unten) einzutreiben. Auch zum Ausführen kleiner, präziser Schnitte ist sein Einsatz empfehlenswert. Bei einem **Geißfuß** (im Bild in der Mitte der mittlere Reihe), der aufgrund seiner Form auch V-Eisen genannt wird, handelt es sich um ein Werkzeug, das sich besonders gut zum Schnitzen von Linien, Ecken und Kanten eignet. Die Schneiden stehen dabei in einem bestimmten Winkel zueinander, der in den Materiallisten jeweils mit angegeben wird.

Tipps & Tricks

◆ Grundsätzlich gibt es eine Vielzahl an Holzarten, die sich gut zum Schnitzen eignen. Zu den einheimischen Weichhölzern zählen beispielsweise Linde, Birke, Erle und Kiefer. Hartes Holz zum Schnitzen liefern Eiche, Pflaume, Ulme, Ahorn und Kastanie. Die Wahl der Holzart ist vor allem davon abhängig, was man schnitzen möchte.

◆ Die ideale Voraussetzung für das Schnitzen ist eine Werkbank. Die klassische Variante wäre hier die Hobelbank, wobei auch eine mobile klappbare Werkbank ein sicheres Arbeiten ermöglicht. Für das Schnitzen sollte eine geeignete Spannvorrichtung vorhanden sein, sodass man beide Hände zum Arbeiten frei hat.

Workshop

Tipps & Tricks

◆ Blasen auf der Handinnenfläche verhindern Sie, wenn Sie wie abgebildet zwei Pflaster kreuzförmig aufkleben.

◆ Üben Sie und finden Sie heraus, welche Handhabung der Werkzeuge Ihnen am besten zusagt. Vielleicht ist für Sie eine andere Handhabung, mit der Sie aber das gleiche Ergebnis erzielen, viel bequemer? Dann scheuen Sie sich nicht, diese auch anzuwenden!

Holzstück/Platte montieren bzw. festspannen

Schrauben Sie die Halteplatte mit dem Schraubendreher oder Akku-Bohrschrauber auf das Schnitzholz. Dann wenden Sie die Platte und setzen Sie diese auf die Halterung der Einspannvorrichtung. Schrauben Sie die Halteplatte von der Unterseite gut auf der Einspannvorrichtung fest.

Ablage des Heftes in der Handinnenfläche

Das Schnitzeisen so mit der Hand fassen, dass mit der Handinnenfläche Druck auf das Werkzeug ausgeübt werden kann und das Werkzeug sicher in der Hand liegt.
Probieren Sie aus, mit welcher Haltung Sie sich am sichersten fühlen (siehe auch nebenstehender Tipp).

Führender Schnitt

Umfassen Sie mit der einen Hand das Heft so, dass mit der Handinnenfläche Druck ausgeübt werden kann und das Werkzeug gleichzeitig sicher in der Hand liegt; die andere Hand umfasst die Klinge. Dabei sollte die an der Klinge liegende Hand mit dem Handballen am Werkstück anliegen, sodass eine Hand schiebt und die andere „bremst", um jederzeit das Eisen unter Kontrolle zu haben.

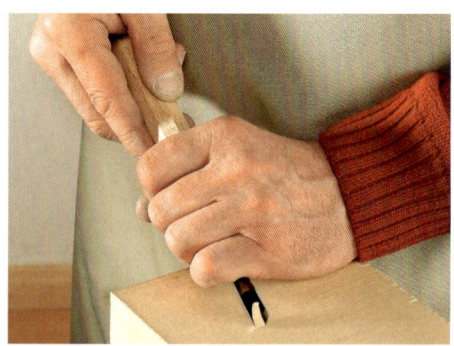

Begrenzender Schnitt

Dieser kommt insbesondere bei feinen, detaillierten Schnitzarbeiten zum Einsatz. Mit der rechten Hand (gilt für Rechtshänder, für Linkshänder genau umgekehrt) das Heft umfassen und die linke Hand mit dem Zeigefinger begrenzend gegen das Werkstück legen. So kann man im vorderen Bereich der Klinge die Bewegung des Eisens gezielt steuern und führen.

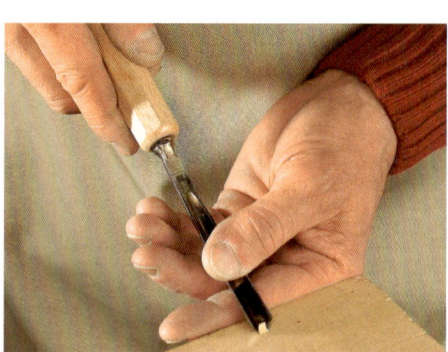

Arbeiten mit dem Bildhauerklüpfel

Dieser kommt zum Einsatz, wenn Sie viel oder hartes Holz abtragen wollen. Dazu die Klinge des Schnitzmessers im gewünschten Winkel an das Holz setzen und den Bildhauerklüpfel in kurzen, festen Schlägen auf das Ende des Hefts führen. Dabei immer wieder den Winkel und die Richtung der Klinge kontrollieren.

Fräsen & schnitzen

Kerbschnitzen

Der Kerbschnitt ist der vielleicht einfachste Schnitz-Schnitt, mit dem Sie aber tolle Ergebnisse erzielen können, wie Sie auf den Ideeninsel-Seiten am Ende dieses Abschnitts sehen werden. Für Schnitz-Anfänger lohnt es sich, hiermit ein bisschen zu experimentieren. Dabei werden, wie der Name schon sagt, Kerben in das Holz geschnitzt, die dann ein Muster oder einen Schriftzug ergeben. Zuerst muss hierfür das Motiv mit Transparent- oder Kohlepapier auf das Holz übertragen werden. Die Motive werden dann mit den in den jeweiligen Materiallisten angegebenen Schnitzmessern eingekerbt.

Hinweis

◆ Bitte beachten Sie, dass es sich, wenn bei den geschnitzten Modellen ein „Bohrer" in der Materialliste aufgeführt ist, um ein Schnitzwerkzeug, nicht um einen Holzbohrer handelt. Leicht zu erkennen ist das an der mit aufgeführten Größenangabe, bei der Sie in dem Fall kein Durchmesser-Zeichen finden!

Tipps & Tricks

◆ Um nicht den Überblick zu verlieren empfiehlt es sich, nach dem Übertragen des Motivs den abzutragenden Hintergrund mit Bleistift zu schraffieren.

◆ Oben sehen Sie den Querschnitt eines Flachreliefs, unten den eines Hochreliefs. Bei dem Hochrelief lässt der abgesenkte Rand das Motiv zusätzlich noch deutlicher in den Vordergrund treten.

Reliefschnitzen

Hierbei werden, im Gegensatz zum Kerbschnitzen, keine Muster in das Holz geschnitzt, sondern der Hintergrund um das entsprechende Motiv wird tiefergelegt, damit dieses hervortreten kann. Profis unterscheiden dabei noch zwischen einem sogenannten Flachrelief, beim dem sich das Motiv nur leicht vom Hintergrund abhebt, und dem Hochrelief, bei dem sich das Motiv sehr plastisch vom Hintergrund abhebt. Auch hier muss das Motiv zuerst mithilfe von Transparent- oder Kohlepapier auf das Holz übertragen werden.

Hintergrund tiefer legen

Im Anschluss an das Übertragen der Vorlagen muss der Hintergrund mit den in den Materiallisten angegebenen Schnitzmessern tiefer gelegt werden. Dabei nach und nach an das Motiv und den Rand heranarbeiten und das Modell so „freilegen".

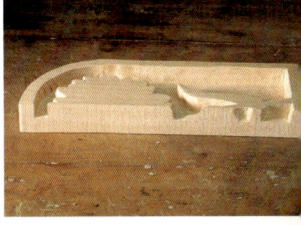

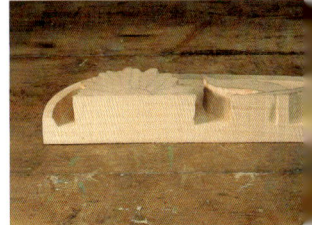

Endgültige Formgebung

Die Details, wie z. B. die endgültige Form der Blütenblätter, werden erst zum Schluss herausgearbeitet. Bedenken Sie dabei bitte, dass diese nicht ganz symmetrisch und exakt werden müssen. Der lebendige Eindruck einer Schnitzarbeit entsteht gerade durch die zum Schluss etwas unregelmäßige Oberfläche des Modells.

Uhr in Tropfenform

Die Uhr von der Vorlage auf das Holz übertragen und mit der Stichsäge aussägen.
Anschließend das Uhrwerk platzieren und das Loch für die Zeiger bohren. Das Uhrwerk muss hinten mit einer Oberfräse eingelassen werden. Die Fräsung richtet sich dabei nach den Maßen des Uhrwerks (mit einem winzigen bisschen Luft).
Die Kanten und die Fläche schleifen. Dazu einen harten, mit Schleifpapier umwickelten Klotz verwenden.
Die Uhr evtl. lackieren, das Uhrwerk fixieren und zum Schluss den Aufhänger anbringen.

Modellhöhe
ca. 400 mm

Material
- Fichte-Leimholz, 20 mm stark:
  – 260 mm x 410 mm
- Uhrwerk
- Aufhänger
- Klarlack
- Bohrer, ø 10 mm

Vorlage
Seite 116

Ideeninsel

Modellgröße
ca. 230 mm x 120 mm

Material
- Buchenholzbrettchen:
  – 230 mm x 120 mm
- Bohrer (Schnitzeisen): 10/6
- Geißfuß (Schnitzeisen): 45°/5 mm

Vorlage
Seite 126

Frühstücksbrett

Das Brett arbeitssicher einspannen.
Das Ornament und den Schriftzug darauf übertragen. Mit dem Geißfuß den Namen einkerben und mit dem Bohrer die Nagelschnitte ausführen.

Tipps & Tricks

- Hier freut sich jedes Familienmitglied über sein eigenes Brett!

Pfannenwender

Den Pfannenwender an den Enden mit kleinen Schraubzwingen am Arbeitsplatz befestigen und ein Holzstückchen oder Pappe unterlegen, damit keine Abdruckstellen durch die Schraubzwingen entstehen.
Das Kerbschnittmotiv übertragen und die Mittellinien der Dreiecke aufzeichnen. Diese mit dem Geißfuß vorschneiden. Mit dem Flacheisen die zum Dreiecksmittelpunkt „gekippten" Flächen schnitzen. Mit dem Geißfuß einen Rahmen um die Dreiecke schneiden.

Tipps & Tricks

◆ Da Buche ein Hartholz ist, können immer nur kleine Späne weggeschnitzt werden! Auf eine geringe Arbeitstiefe achten!

Modelllänge
ca. 300 mm

Material
◆ Pfannenwender aus Buchenholz:
  – ca. 300 mm lang
◆ Flacheisen (Schnitzeisen), 3/5
◆ Geißfuß (Schnitzeisen), 45°/5 mm

Vorlage
Seite 127

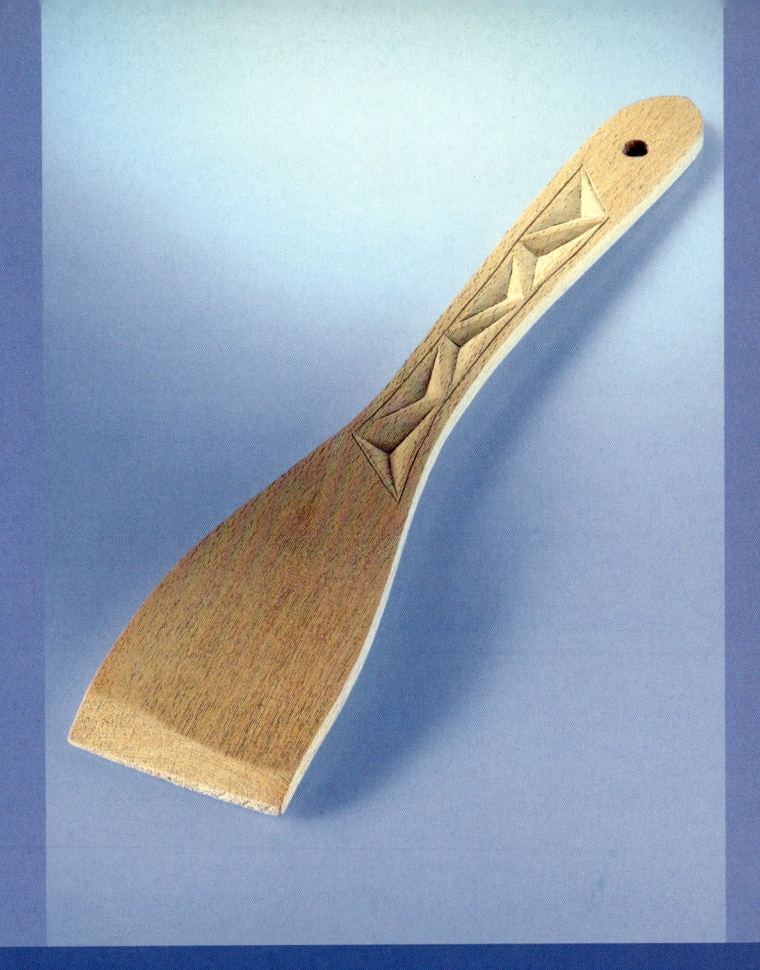

Fräsen & schnitzen

Modellhöhe
ca. 250 mm

Material
◆ Brett aus Weymouthskiefer, 30 mm stark:
  – 250 mm x 160 mm
◆ gekröpftes Balleisen (Schnitzeisen): 21/8
◆ Flacheisen (Schnitzeisen): 3/10, 5/8 und 5/14
◆ Hohleisen (Schnitzeisen): 7/10 und 16/16
◆ Bohrer (Schnitzeisen): 10/6, 10/10, 11/2 und 11/20
◆ Geißfuß (Schnitzeisen): 45°/5 mm

Vorlagen
Seite 126

Flachrelief Margerite

Das Relief wie auf den Seite 33 erklärt arbeiten. Dabei zuerst den Hintergrund tieferlegen.
Die Blütenblätter und die Blätter am Stiel individuell plastisch herausarbeiten. Mit dem Geißfuß Zierlinien und natürliche Strukturen einkerben.

Tipps & Tricks

◆ Bei diesem Flachrelief kann die Blüte auch so herausgearbeitet werden, dass die Konturen sich nur sehr leicht, fast angedeutet, vom Untergrund abheben.

5 Oberflächen-behandlungen

Hinweise

◆ Das Abschleifen und Glätten des Holzes erfolgt auf alle Fälle vor dem Zusammenbauen. Das Lackieren, Beizen oder Ölen erfolgt bei einigen Modellen vor, bei anderem nach dem Zusammenbauen. Orientieren Sie sich hier an der jeweiligen Anleitung.

◆ Die benötigten Pinsel, Walzen etc. sind jeweils nicht mit in den Materiallisten aufgeführt. Lesen Sie bitte in diesem Kapitel nach, was hier am besten wofür geeignet ist.

Sie haben Ihre Motive und Modellteile nun ausgesägt und sich dabei an den Vorlagen bzw. Maßangaben in den Materiallisten orientiert. Manches Modell haben Sie sogar noch mit der Oberfräse bearbeitet oder ihm mithilfe von Schnitzmessern dekorative Akzente verliehen. Jetzt müssen die Motiv- und Bauteile nur noch zu einem Ganzen zusammengefügt werden, um danach im Haus und Garten zu begeistern. Vor oder nach dem Zusammenbau steht aber noch die Oberflächenbehandlung an. Zuerst müssen die Teile geglättet und entgratet werden, danach kann das Holz entweder klar lackiert oder geölt werden, wenn sein natürlicher Charakter im Vordergrund stehen soll, oder Sie verleihen ihm mithilfe von Lacken, Acrylfarben, Beizen und Lasuren Farbe. Die Oberflächenbehandlung dient zum einen der Farbgebung bzw. der Betonung der Holzoptik, zum anderen sorgt sie für einen gewissen Schutz der sonst doch recht empfindlichen Modelle.

Das Modell wird sowohl vor der Oberflächenbehandlung abgeschliffen wie auch beim Zwischenschliff

Pinsel und Walzen sind die wichtigsten Auftrags-Werkzeuge

Oberflächenbehandlungen

Verschiedene Schleifwerkzeuge

Schleifgeräte

Die gängigsten Schleifgeräte sind der **Schwingschleifer** (im Bild hinten links) (auch Rutscher genannt) und der **Exzenterschleifer**. Bei beiden gilt, dass durch verschiedene Schleifaufsätze (Schleifpapiere) Oberflächen geschliffen werden können. Eingesetzt werden sie für die Vor- und Nachschleifarbeiten von verschiedenen Holzwerkstoffen, Hart- und Weichholz sowie für den Zwischenschliff (siehe Seite 40 bis 42, „Lackieren, ölen & malen"). Ein **Dreiecksschleifer** kommt durch seine Form in Ecken und Kanten, die andere Schleifer nicht erreichen. Das Schleifpapier befestigen Sie entweder mit einer Klemmvorrichtung oder einem Klettverschluß zwischen Teller und Schleifpapier. Eine Staubabsaug-Vorrichtung sorgt dafür, dass gesundheitsverträglich gearbeitet wird. Der Unterschied zwischen dem Schwingschleifer und dem Exzenterschleifer (= ist eher ein Profigerät) besteht darin, dass der letztere ein Getriebe hat, das sich in der Regel in zwei Stufen einstellen lässt: ein Gang für den groben Abschliff mit großem Abtrag, der andere für den Feinschliff mit geringem Abtrag.

Feile und Raspel

Die **Feile** (oben) wird zum Entgraten und zum Brechen (d. h. Abrunden) von Kanten verwendet. Soll viel Holz abgetragen werden, nimmt man die grobere **Raspel** (zweite von unten). Die Zähne der Feile (auch Hiebe genannt) liegen in durchgehenden Hiebreihen. Für weiches Material verwenden Sie einhiebige Feilen, bei denen die Hiebreihen nebeneinander liegen, für festeres zweihiebige Feilen mit gekreuzten Hiebreihen. Die Raspel hat einzeln stehende Hiebe, mit denen schnell viel Holz abgetragen werden kann.
Beide Werkzeugen führen Sie beim Arbeiten vom Körper weg. Mit einer Hand umfassen Sie den Griff und schieben das Werkzeug nach vorne, die andere liegt auf dem Werkzeugblatt (siehe auch Seite 21, „Kanten glätten"). Das Werkstück muss dabei fest eingespannt sein und sollte nicht viel über die Arbeitsfläche hinausstehen.
Je nach Querschnitt spricht man von Flach-, Halbrund-, Rund- oder Dreiecksfeilen.

Schleifpapier und Schleifklotz

Die Körnung von Schleifpapier (auch Schmirgel- oder Sandpapier genannt) wird in P angegeben. Je höher die Körnung ist, desto feiner ist das Schleifpapier und umso glatter wird die bearbeitete Fläche. Um größere Flächen zu schleifen, legen Sie das Schleifpapier am besten um einen Schleifklotz aus Kork, Holz oder Kunststoff. Zum Vorschleifen nimmt man Schleifpapier mit einer 60er- bis 100er-Körnung und für den Feinschliff welches mit einer 120er- bis 180er-Körnung. Für den Zwischenschliff beim Lackieren und Ölen etc. nehmen Sie am besten 220er-Schleifpapier.

Tipps & Tricks

◆ Für die Kantenseiten sollten Sie besser kein Schleifgerät verwenden, da ein Abkippen der Maschine unvermeidbar ist. Nehmen Sie dazu lieber einen Schleifklotz und Schleifpapier.

◆ Achten Sie darauf, dass der Feilenschaft (auch Heft genannt) fest im Griff sitzt; ein lockeres Heft können Sie mit einem Holzhammer wieder festklopfen. In der Feile oder Raspel festsitzende Holzspäne, die das Arbeiten erschweren, entfernen Sie mit einer Draht- oder Feilenbürste.

◆ Die Verwendung von Schleifpapier und Schleifklotz bietet sich vor allem an, um Kanten zu säubern und gleichmäßig zu brechen bzw. zu runden.

◆ Scheren oder Messer werden stumpf, wenn Sie damit Schleifpapier schneiden. Reißen Sie dieses deshalb besser über einer Tischkante!

Achtung!

◆ Der beim Arbeiten mit Schleifpapier entstehende Schleifstaub ist gesundheitsschädlich, deshalb sollten Sie das Schleifpapier nur sparsam zum Schluss verwenden und den Staub absaugen oder im Freien abklopfen. Besondere Vorsichtig ist hier bei Buchenholz geboten!

Workshop

Auftragswerkzeuge

Tipps & Tricks

◆ Waschen Sie die verwendeten Pinsel nicht gleich nach jedem Arbeitsgang, sondern erst ganz zum Schluss aus, weil das Pinselhaar sonst schneller seine Festigkeit verliert.

◆ Farben auf Wasserbasis können Sie einfach mit Wasser aus den Pinseln herauswaschen. Wer Öl mit einem Pinsel aufträgt, kann diesen ebenfalls bis zum Beenden der Arbeit in Wasser lagern. Nach einer Weile bildet das Öl dann aber Klümpchen und der Pinsel muss weggeworfen werden. Wenn Sie mit Lacken etc. arbeiten, dann reinigen Sie die Pinsel mit Terpentinersatz oder speziellen Pinselreinigern, aber nicht mit Verdünner. Letzter lässt nämlich die Haare ausfallen!

Verschiedene Pinsel

Pinsel gibt es in verschiedenen Formen. Im Allgemeinen werden sie für das Auftragen von Farben, Beizen, Ölen und Lacken verwendet. Dabei ist zu beachten, dass es sowohl natürliche wie auch synthetisch hergestellte Pinsel gibt. Wichtig ist, dass Sie jeweils den richtigen Pinsel für den bevorstehenden Arbeitsgang wählen.

Zum Auf- und Ausmalen von Flächen eignen sich **Flachpinsel,** die einen kurzen, breiten Strich haben. Mit dem Pinselrand können Sie feine Striche ziehen. Mit kleineren **Rundpinseln** malen Sie Details auf, größere können Sie ebenso für Flächen verwenden. Der **Katzenzungenpinsel** kommt vor allen Dingen in der Malerei zum Einsatz bzw. wenn Sie Modelle mit Mustern etc. versehen wollen.

Einen **Flächenpinsel** aus Synthetikfasern oder Schweinsborsten nehmen Sie zum Lasieren größerer Flächen. Wichtig ist hier, dass Sie diesen nach dem Farb- oder Lackauftrag gründlich reinigen.

Ein **Lackierpinsel** gibt es sowohl in flacher wie auch in runder Form. Er zeichnet sich durch seine sehr weichen Schweineborsten aus, die keine Spuren hinterlassen. Wichtig ist, dass er nach dem Lackieren gründlich mit Terpentin gereinigt wird, denn an seiner Zwinge bleibt gerne Lack haften, der die Haare spreizt.

Malschwamm

Malschwämme sind eigentlich eher bei der Acrylmalerei gebräuchlich. Sie ähneln mehr oder weniger einem Küchenschwamm, allerdings ohne die raue Seite, und können mit einer Schere auf die benötigte Größe zurechtgeschnitten werden. Für Holzarbeiten ist der Malschwamm insofern interessant, dass man mit ihm bei vorab zusammengebauten Modellen, die erst im Anschluss gestrichen werden (wie zum Beispiel dem Beistelltischchen von Seite 85–87), gut in die Ecken und Stoßkanten kommt. Außerdem kann man mit ihm die Farbe auch gut so verreiben, dass die Holzstruktur gezielt sichtbar wird.

Oberflächenbehandlungen

Farbroller

Ein Farbroller (auch Farbwalze genannt) besteht aus einer bügelartig gebogenen Stange mit einem Griff. Auf die Stange kann eine gewählte Walzenart aufgesteckt werden. Farbroller bzw. Farbwalzen kommen vor allen Dingen bei großen Flächen zum Einsatz, weil sie eine enorme Zeitersparnis bedeuten. Es gibt hier sowohl Kunststoff- wie auch Schaumstoffwalzen:
Die **Kunststoffwalzen** (im Bild oben) sind für das Auftragen von Acryl- sowie Wandfarben gut geeignet.
Schaumstoffwalzen (im Bild unten) werden überwiegend bei Lackierarbeiten verwendet, da sie durch ihre Beschaffenheit für einen sehr glatten Lackauftrag sorgen.

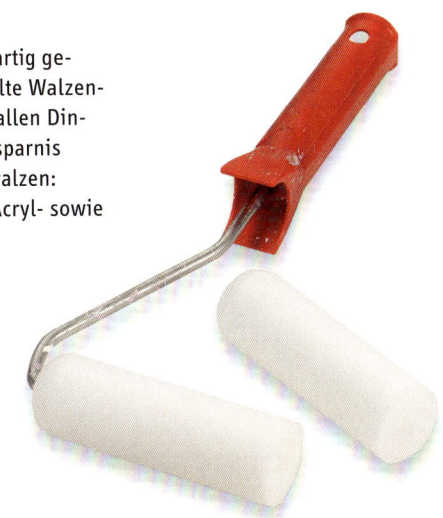

Lappen

Lappen benötigen Sie zum einen, um den Schleifstaub zu entfernen, zum anderen kommen sie gerne beim zweiten Holzöl-Auftrag zum Einsatz. Man muss hier allerdings nicht extra Lappen kaufen, sondern es reicht, ein altes T-Shirt in handliche Stücke zu zerteilen. Wichtig ist, dass der Lappen aus Baumwolle besteht und keine Aufdrucke besitzt. Die Aufdrucke könnten sich durch das Holzöl ggf. anlösen und würden dann in Form von Farbschmierern auf dem Holz landen. Kunststofffasern würden das Öl erst gar nicht aufsaugen.

Lackierpistole

Die Lackier- oder Spritzpistole ist das beste Hilfsmittel, um große Oberflächen mit Lack und Lasuren zu beschichten. Der Lack bzw. die Lasur werden hierbei mithilfe von Druckluft fein zerstäubt und auf der Oberfläche des Werkstücks verteilt. Dazu müssen Sie in schneller Reihenfolge „Bahnen" von links nach rechts aufsprühen, die sich überlappen. So wird eine wesentlich bessere, glattere Oberflächenqualität als mit dem Pinsel oder der Rolle erzielt. Die gängigste Art der Spritzpistole ist die sogenannte Becherpistole, in der der vorher aufgerührte, fertige Lack (dieser muss u. U. mit Verdünner oder Härter gemischt werden, insb. wenn man mit großen Mengen hantiert) eingefüllt wird. Für eine Vielzahl von Spritzpistolen wird ein zusätzlicher Kompressor benötigt.
Arbeiten Sie mit einer Lackierpistole niemals in geschlossenen Räumen ohne Absaugung und niemals ohne Atemschutzmaske!

Tipps & Tricks

◆ Farbroller sollten Sie immer in Kombination mit einem Walzengitter sowie dem dazugehörigen Farbbehälter kaufen, das ist meistens billiger.

◆ Viele Walzen bekommen Sie preisgünstig als Einwegwalze, sodass das Reinigen hier entfällt.

◆ Lappen, die mit Holzöl in Berührung gekommen sind, sollten draußen in einer leeren Metalldose aufbewahrt werden, denn es besteht Selbstentzündungsgefahr! Nach(!) dem Aushärten des Lappens kann dieser über den Hausmüll entsorgt werden.

◆ Die Anschaffung einer Spritzpistole lohnt sich nur, wenn Sie diese regelmäßig benutzen. Sie muss nach jedem Gebrauch gründlich gereinigt werden! Lacke sollten vor dem Einfüllen die Becherpistole zusätzlich durch einen Lackfilter fließen, so werden unerwünschte Partikel ausgesondert.

◆ Da bei vielen Spritzpistolen die Fließmenge und der Druck individuell eingestellt werden können und Sie außerdem unterschiedliche Düsen aufsetzen können, empfiehlt es sich, mit Holz-Reststücken zu experimentieren, bis Sie damit das von Ihnen gewünschte Ergebnis erzielen.

Workshop

Achtung!

◆ Für Kinderspielsachen und Modelle fürs Kinderzimmer sollten Sie immer Farben verwenden, die die DIN EN 71-3 erfüllen. Das bedeutet, dass die Farben speichel- und schweißecht sind und evtl. schädliche Bestandteile nicht angelöst werden können, wenn die Teile in den Mund genommen werden.

◆ Verarbeiten Sie Lacke nur in geeigneten Räumen (mit Absaug-Vorrichtung und Filter) oder im Freien, ein Luftaustausch muss auf alle Fälle vorhanden sein, sonst besteht die Gefahr von Gesundheitsschäden. Es empfiehlt sich außerdem, eine Atemschutzmaske zu tragen!

Tipps & Tricks

◆ Vor der Verwendung von Lack sollte in jedem Fall der Rat eines Fachmannes hinzugezogen werden, sodass später das gewünschte Ergebnis erzielt wird.

◆ Inzwischen gibt es sogar Lacke mit Naturmatteffekt. Das Holz wirkt hier unbehandelt oder als ob es mit Holzöl bearbeitet worden wäre, genießt aber die Schutzfunktionen eines Lacks.

Lackieren, ölen & mehr

Nachdem die Oberflächen glatt geschliffen und vom Staub befreit worden sind, stehen sie für die Oberflächenbehandlung bereit. Hier können Sie für sich farbige Gestaltungen – wie mit Lacken und Farben – entscheiden oder für welche, bei denen eher schützende, pflegende Funktionen im Vordergrund stehen und das natürliche Aussehen des Holzes erhalten bleibt, wie es zum Beispiel bei der Verwendung von Holzöl der Fall ist.

Mit Acrylfarbe

Mit Acrylfarben verleihen Sie Modellen im Handumdrehen ein schönes, buntes Äußeres, vor allen Dingen, wenn es sich um eher dekorative Wohnraumaccessoires oder Modelle fürs Kinderzimmer handelt. Auftragen lässt sich die Farbe gut mit einer Walze oder einem Pinsel. Auch Muster oder Gesichter lassen sich mit Acrylfarbe problemlos aufmalen. Sollen Farbflächen aneinander stoßen, dann ist es wichtig, dass die eine Farbe zuerst vollständig trocknen muss, bevor die nächste aufgetragen werden kann. Die Farben gibt es in unterschiedlichen Gebinden (d. h. Größen) zu kaufen.

Anwendung und Effekte

Acrylfarbe können Sie entweder deckend oder lasierend auftragen. Für einen lasierenden Farbauftrag müssen Sie die Farbe stark mit Wasser verdünnen (im Verhältnis 1:10). Am besten geht der Farbauftrag, wenn Sie das Holz zuvor mit Holzgrund oder weißer, mit Wasser verdünnter Acrylfarbe grundieren, diese trocknen lassen, einen Zwischenschliff durchführen und dann erst den richtigen Farbauftrag machen.

Mit Lack

Lacke werden überall da verwendet, wo Oberflächen dauerhaft von Einflüssen wie z. B. Abnutzung durch den täglichen Gebrauch oder Witterung geschützt werden müssen. Die heute verwendeten Lacke basieren entweder auf Lösemittel- oder Wasserbasis und können auf verschiedenste Art und Weise aufgetragen werden. Die wohl gängigsten Arten hierbei sind das Spritzverfahren mit der Lackierpistole, das Aufrollen mit der Lackwalze oder das Streichen mit dem Pinsel. Besonders schön wird das Ergebnis, wenn Sie eine erste Schicht Lack auftragen, diese trocknen lassen, mit 220er- oder 240er-Schleifpapier einen Zwischenschliff durchführen und dann eine weitere Lackschicht auftragen. Der Zwischenschliff sorgt dafür, dass die Fasern, die sich durch den ersten Lackauftrag aufgestellt haben, gebrochen werden, und bewirkt dass die zweite Lackschicht „Halt" auf dem Holz findet.

Anwendung und Effekte

Durch Auftragen eines Lackes kann ein transparenter (mit Klarlack, wie hier im Bild) oder ein deckender Effekt (mit farbigen Lacken) erzielt werden. Lacke gibt es in sämtlichen Farbtönen und Ausführungen (d. h. glatt, mit Struktur, als Reißlack etc.). Klarlack hat dabei nur eine schützende Funktion. Außerdem unterscheidet man zwischen Lacken für den Innen- und den Außenbereich. Letzterer, der auch unter dem Namen „Boots- oder Schiffslack" bekannt ist, zeichnet sich dadurch aus, dass er sehr dickflüssig ist und meistens nur aufgestrichen, aber nicht aufgesprüht werden kann.

Oberflächenbehandlungen

Mit Beize

Mithilfe von Beize kann Holz gefärbt werden. Hierbei dringen Farbpigmente in die Holzstruktur ein oder lagern sich darauf ab. Man unterscheidet chemische Beizen, die mit den Inhaltsstoffen des Holzes reagieren, und Beizen auf Wasser- oder Lösemittelbasis, die sich ein- und/oder auflagern. Zweck des Beizens ist es eine farbliche Veränderung, bei der aber gleichzeitig die Holzstruktur erhalten bleibt. Das Auftragen einer Beize geschieht in den meisten Fällen mit einem Pinsel oder Schwamm. Zuerst das Holz wässern und nach dem Trocknen die Beize auftragen. Anschließend tragen Sie zum Schutz Holzöl oder Klarlack auf, lassen diesen trocknen, führen einen Zwischenschliff durch und tragen danach die letzte Hölzöl- bzw. Klarlackschicht auf.

Anwendung und Effekte
Beize wird vor allen Dingen zur Betonung der Textur, zum Abdecken bzw. Angleichen von Holzunterschieden, zur Verstärkung und Betonung des natürlichen/ursprünglichen Farbtons und zum Angleichen der Oberfläche an eine bereits Vorhandene verwendet.

Mit Lasur

Eine Lasur ist ein durchscheinender Überzug, der auf das Holz aufgetragen wird. Lasuren gibt es sowohl für den Innen- wie auch für den Außenbereich, wobei hier Folgeanstriche unbedingt erforderlich sind. Man unterscheidet zwischen Dünnschicht- und Dickschichtlasuren, wobei die Dünnschichtlasur aufgrund des Lösemittelgehaltes und der Geruchsbelästigung eher selten für den Innenbereich zum Einsatz kommt. Lasuren können mit dem Pinsel, der Rolle oder einer Spritzpistole aufgetragen werden.

Anwendung und Effekte
Durch eine Lasur wird das Holz vor Witterungseinflüssen, UV-Licht sowie teilweise vor Insekten und Pilzen geschützt. Es gibt sowohl transparente Lasuren wie auch farbige.

Tipps & Tricks

◆ Wässern Sie die Oberflächen vor dem Beizen, um später ein gleichmäßiges Erscheinungsbild zu erzielen sowie das „Aufstellen" der Fasern zu verhindern.

◆ Ein besonders gleichmäßiges Endergebnis bei Holzbeizen erzielen Sie, wenn Sie vorher die rohe Oberfläche mithilfe einer Kupferdrahtbürste entstauben.

◆ Wichtig ist es wirklich, dass Sie das Holz nach dem Auftragen der Farbbeize mit Holzöl oder Klarlack schützen, weil die Farbe sonst Abrieb o. Ä. kaum standhält.

◆ Tragen Sie die Lasur auf, lassen Sie sie einwirken und entfernen Sie anschließend mit einem Lappen sämtliche Überschüsse. So werden unschöne „Tropfnasen" vermieden.

Workshop

Achtung!

◆ Das Auftragen von Holzöl ist meist nicht ganz ungefährlich, da der Lappen bzw. der Pinsel sich selbst entzünden können. Trocknen oder lagern Sie diese Werkzeuge daher niemals im Innenbereich.

Tipps & Tricks

◆ Tragen Sie beim Auftragen von Holzöl am besten Einweghandschuhe, da das Öl sehr stark an der Haut kleben bleibt und nur schwer wieder zu entfernen ist.

◆ Bei mit Holzöl behandelten Oberflächen können Schäden wie Kratzer o. Ä. mit Leichtigkeit ausgebessert werden. Dazu legen Sie einen feuchten Lappen auf den Kratzer und setzen darauf die Spitze eines heißen Bügeleisens (Leinen-Einstellung). Durch die Feuchtigkeit und die Hitze entsteht Dampf, der die Holzfasern wieder aufrichtet. Danach behandeln Sie die Stelle wieder mit Holzöl. Schon nach wenigen Tagen hat sich die Farbe wieder angeglichen und der Kratzer ist vermutlich kaum noch zu sehen.

◆ Es gibt bereits fertig zu kaufende Öl-Wachs Kombinationen. Eine sehr dünne Schicht beim Wachsen nach dem Ölen reicht völlig aus. Zu viel verklebt die Oberfläche und lässt sie „speckig" aussehen.

Mit Holzöl

Eine Behandlung mit Holzöl ist eine natürliche Oberflächenbeschichtung, die in den letzten Jahren immer öfter zum Einsatz kommt. Ein Schutz vor Abnutzungserscheinungen ist hier ebenso wie beim Lackieren gegeben, der Auftrag geschieht meistens mit dem Pinsel oder dem Lappen. Am besten wird das Ergebnis, wenn man satt mit einem Pinsel eine erste Ölschicht aufträgt, diese 15 Minuten einziehen lässt und den Überschuss mit einem Baumwolllappen abnimmt. Lassen Sie das Ganze 24 Stunden lang trocknen, schleifen Sie es mit 240er-Schleifpapier an und bringen Sie dann mit einem Lappen dünn eine zweite Ölschicht auf.

Anwendung und Effekte

Anders als beim Lackieren kann durch den Einsatz von Holzöl nur ein transparenter Schutz der Oberfläche erzielt werden. Außerdem ist Holzöl nur für den Innenbereich geeignet. Möchte man einen deckenden, farbigen Effekt erzielen, muss vorher z. B. eine Behandlung mit Farbbeize erfolgen, die dann anschließend geölt werden kann. Alleine aufgetragen sorgt das Holzöl auf jeden Fall für das sogenannte „Anfeuern" der natürlichen Holzmaserung, d. h. diese tritt deutlicher hervor.

Mit Holzwachs

Holzwachs ist neben dem Ölen eine weit verbreitete, natürliche Oberflächenbeschichtung und dient zur universell einsetzbaren Oberflächenbehandlung von rohen Hölzern. Holzwachs gibt es in fester sowie flüssiger Form. Der Auftrag erfolgt entweder mit einem Pinsel oder einem Lappen.

Anwendung und Effekte

Durch das Holzwachs wird ein transparenter Schutzfilm gebildet. Das beste Ergebnis erzielen Sie, wenn Sie eine zuerst geölte Fläche anschleifen und diese dann anschließend wachsen. Nach dem Trocknen wirkt die Oberfläche seidenglänzend elastisch und ist dabei auch noch antistatisch.

Oberflächenbehandlungen

Arbeiten mit Kantenumleimer

Gerade beim Bau von Kleinmöbeln oder Wohnraumaccessoires aus Holzwerkstoffen passiert es öfter, dass man mit unschönen, offenen Schnittkanten des Holzwerkstoffes konfrontiert wird. Diese verdecken Sie mithilfe eines sogenannten Kantenumleimers (auch Bügelkante genannt), d. h. mit einem mit Schmelzkleber versehenen Band.

Aufheizen und ablängen

Zuerst das Bügeleisen auf mittlere Stellung aufheizen und den Kantenumleimer grob ablängen, und zwar mit ca. 20 mm Zugabe. Diese Zugabe ist hilfreich, da die Kante beim Aufbügeln verrutschen kann.

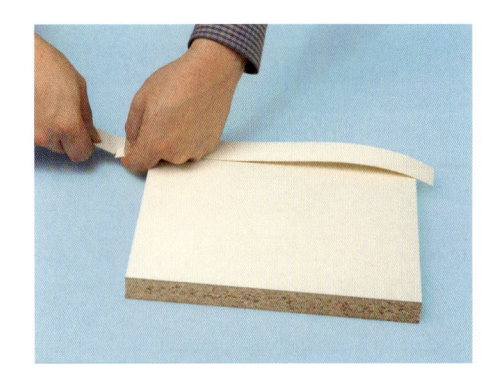

1

Aufbügeln

Die Kante des Kantenumleimers mit etwas Überstand in der Länge sowie oben und unten an die zu bearbeitende Kante am Werkstück anlegen und mit dem Bügeleisen andrücken. Sobald der Kantenumleimer haftet, nach und nach mit dem Bügeleisen die Länge der Kante „abfahren". Achten Sie darauf, mit dem Bügeleisen nicht zu lange auf einer Stelle zu bleiben, weil der Kantenumleimer sonst verbrennen kann und dann unschöne, dunkle Flecken bekommt.

2

Kantenenden abknicken

An den Kantenenden einen Holzklotz ansetzen und einfach die Kante abknicken.

3

Kanten begradigen

Nachdem der Kantenumleimer fest haftet, kann die mit dem Kantenumleimer versehene Kante jetzt mithilfe eines scharfen Stecheisens auf der Unter- und Oberseite begradigt werden. Evtl. verbleibende Reste oder Überstände zum Schluss mithilfe von Schleifpapier verputzen.

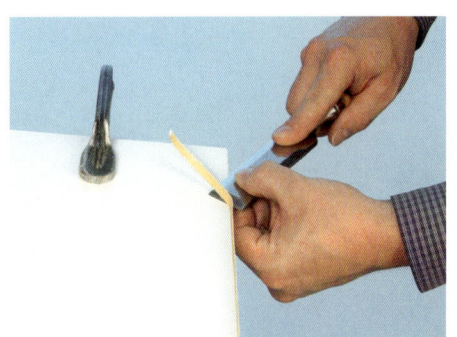

4

Achtung!

◆ Wenn das Bügeleisen auf eine zu hohe Temperatur eingestellt wird, dann besteht eine Verbrennungsgefahr, und zwar sowohl beim Kantenumleimer selbst wie auch vom Anwender!

Tipps & Tricks

◆ Nehmen Sie zum Aufbügeln am besten ein altes Bügeleisen, weil beim Aufbügeln des Kantenumleimers evtl. Klebstoff austreten kann, der an der Sohle des Bügeleisens haften bleibt.

◆ Die Sohle des Bügeleisens sollte immer sauber sein, um keine Flecken auf die hellen Kanten zu bringen.

◆ Wählen Sie lieber eine niedrigere Bügeleisen-Temperatur (eher Baumwoll- als Leinen-Einstellung) und fahren Sie stattdessen zweimal über die Kante, damit diese richtig anhaftet. Alternativ können Sie den Kantenumleimer auch mit einer niedrigen Bügeleisen-Einstellung aufbügeln und dann mit einem Holzklotz nachfahren, bis er richtig gut haftet.

Bambus-Rahmen

Den Bilderrahmen mit Acrylfarbe grundieren und trocknen lassen. Den Bambus in kurze Stücke teilen, diese locker mit Acrylfarbe bemalen und nach dem Trocknen leicht wieder leicht anschleifen, sodass der Bambus an der einen oder anderen Stelle wieder durchblitzt.
Zum Schluss die Bambusabschnitte mit der Heißklebepistole auf den Holzbilderrahmen kleben.

Hinweis

- Bei diesem Rahmen handelt es sich um eine Variante des Astscheiben-Rahmens von Seite 26.

Modellhöhe
abhängig von der Rahmengröße

Material
- roher Holzbilderrahmen
- Bambusstäbe
- Acrylfarbe in verschiedenen Farbtönen

Ideeninsel

Modellhöhe
ca. 585 mm

Material
- MDF-Platte mit Grundierfolie, 19 mm stark:
  - 800 x 585 mm
- Alucubond, 6 mm stark:
  - 150 mm x 800 mm
  - 150 mm x 600 mm
  - 150 mm x 400 mm
  - 2 x 150 mm x 200 mm
- 2 Aufhänger zum Einlassen, ø 30 mm
- Lack in Weinrot
- Isolierfüller oder Sperrgrund
- Silikon
- Forstnerbohrer, ø 30 mm

Montageskizzen Seite 115

Teelichter-Herz

Das Herz auf die Holzbohle übertragen, mit der Dekupiersäge aussägen und die Kanten glätten. Die Bohrungen für die Teelichter mit dem Forstnerbohrer bohren. Dabei darauf achten, dass nur so tief gebohrt werden darf, dass das Teelicht mit seiner Metallkante ca. 1 mm weit übersteht; das entspricht einer Tiefe von ca. 14 mm. Das ist wichtig, damit beim Anzünden der Teelichter nichts anbrennt. Um das kleine Herz auszusägen, an der Spitze des kleinen Herzens ein Loch bohren. Durch dieses Loch das Sägeblatt stecken und das kleine Herz aussägen. Die Motivteile glätten, vor allen Dingen die Seiten des kleinen Herzens, damit es sich leicht herausnehmen lässt. Zum Schluss das Herz eher lasierend bemalen.

Modellgröße
ca. 240 mm x 195 mm

Material
- Holzbohlenabschnitt, 35 mm stark:
  – ca. 200 mm x 300 mm
- Holzbeize oder Acrylfarbe in Rot
- 4 Teelichter
- Forstnerbohrer, ø 40 mm
- Bohrer, ø 5 mm

Vorlage
Seite 126

Oberflächenbehandlungen

Schieberegal

Aus dem passend zugeschnittenen Grundbrett die Nuten aussägen. Dabei beachten, dass die Nuten so breit sein müssen, dass die Alucubondbretter darin eingeklemmt werden können.
Auf der Rückseite mit dem Forstnerbohrer die Löcher für die Aufhänger einbohren. Dann die offenen Kanten an der Seite mit Isoliergrund behandeln und trocknen lassen. Das sorgt dafür, dass man hier später weniger Lack auftragen muss.
Die Böden aus Alucubond mit einem feinen Blatt zusägen und die Kanten mit Schleifpapier glätten.
Jetzt auch das Regalbrett sorgfältig glätten und den Farblack mithilfe einer Lackierpistole auftragen.

Tipps & Tricks

♦ Weil hier eine MDF-Platte mit Grundierfolie verwendet wurde, müssen nur die offenen, seitlichen Kanten mit dem Isoliergrund behandelt werden.

♦ Alucobond bekommen Sie bei einem Flaschner, Schlosser oder bei einem Blechverarbeitungsbetrieb. Alternativ können Sie auch Acrylglas nehmen.

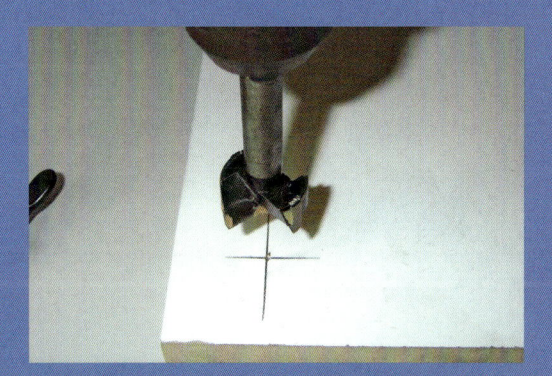

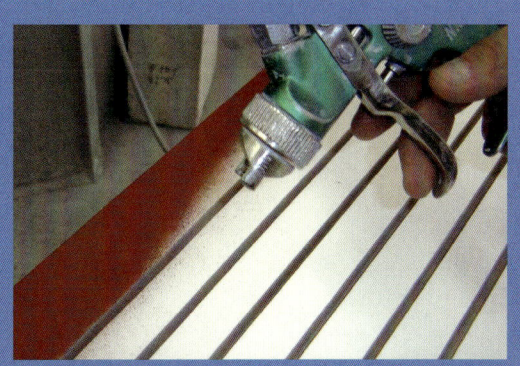

6 Bohren & verbinden

Nach dem Aussägen und ggf. der Oberflächenbehandlung liegen jetzt vermutlich viele Einzelteile vor Ihnen, die nur noch darauf warten, miteinander verbunden zu werden, um dann als Wohnraumaccessoire oder Kleinmöbel einen Ehrenplatz in Ihrem Haus oder Garten einzunehmen. Um diese Aufgabe erfolgreich bewältigen zu können, sollten Sie Ihre Bohrmaschine näher kennenlernen, erfahren, was für unterschiedliche Bohrlöcher Sie mit ihr setzen können und überlegen, welche Holzverbindung für Ihr Modell am besten geeignet ist. Vorgestellt werden hier die für Heimwerker gebräuchlichsten Verbindungsarten mit Schrauben, Dübeln, Nägeln und Leim. Beim Profi-Möbelbau kommen auch noch weitere Verbindungs-Arten zum Einsatz (wie z. B. die Schwalbenschwanzverbindung, mit Falzen oder Zapfen, Überblattungen etc.), die hier aber den Rahmen des Buchs sprengen würden.

Hinweise

◆ Nicht bei allen Modellen im Buch sind die verwendeten Bohrergrößen mit aufgeführt, weil diese mit unterschiedlichen Bohrer-Durchmessern gearbeitet werden können. Es empfiehlt sich, einen Satz mit Bohreinsätzen in verschiedenen Größen bereit liegen zu haben.

◆ Fast in allen Fällen ist es sinnvoller, die Oberflächenbehandlung vor dem Zusammenbauen durchzuführen. Sollte eine andere Reihenfolge empfehlenswert sein, so ist dies in den jeweiligen Anleitungen mit aufgeführt.

Tipps & Tricks

◆ Viele Elektrowerkzeuge können Sie bei sogenannten Mietparks ausleihen. Sehen Sie am besten im Telefonbuch nach, wo und ob sich hier einer in Ihrer Nähe befindet.

◆ Alle Löcher, die vor dem Zusammenbauen gebohrt werden können, sollten Sie auch wirklich vorher bohren, denn die Einzelteile sind leichter zu handhaben als das zusammengebaute Modell.

Holzteile lassen sich auf verschiedene Arten und Weisen zusammensetzen.

Holzleim sorgt für zusätzliche Stabilität

Mit dem Hammer werden Nägel oder Dübel eingeschlagen

Unterschiedliche Bohrmaschinen

Bohrmaschine ist nicht gleich Bohrmaschine, wie Sie vielleicht schon gemerkt haben. Während Sie bei einem Akkubohrer den Vorteil haben, dass Ihnen kein Kabel in die Quere kommen kann, reicht die Leistung hier nicht aus, um in festeres Material eindringen zu können. Schrauben hingegen werden Sie mit einer Bohrmaschine nur bedingt eindrehen können. Hier erfahren Sie, welches Gerät für welchen Zweck am besten geeignet ist.

Akkubohrer

Der Akkubohrer, auch Akkuschrauber oder Akkubohrschrauber genannt, weist ähnliche Eigenschaften auf wie eine Handbohrmaschine auf, hat jedoch kein Stromkabel. Häufig lassen sich in einen Akkuschrauber aber nur Bohrer mit einem kleinen Durchmesser (meist bis zu ø 10 mm) einsetzen. Sie unterscheiden sich durch die Spannung, die Kapazität des Akkus und den Drehmoment voneinander.

Handbohrmaschine

Die Bohrmaschine wird mithilfe eines Stromkabels verwendet, um sämtliche Löcher und Senkungen in einem Werkstück anzubringen. Zur Sicherung der Maschine bei großen Drehmomenten kann ein zusätzlicher Handgriff vor dem Bohrfutter für die zweite Hand angebracht sein. Ein meist mitgelieferter Tiefenanschlag kann beispielsweise für Sacklöcher eingesetzt werden. Eine Handbohrmaschine kann zum Schrauben nur bedingt eingesetzt werden. Auch Schlagbohrer bzw. Bohrhammer können problemlos als Handbohrmaschine eingesetzt werden, dazu muss aber der Schalter von „Hämmern" auf „Bohren" umgestellt werden. Die Hämmer-Funktion benötigen Sie, um Löcher in Betonwände bohren zu können, wie es z. B. für Aufhängungen von den Modellen notwendig sein kann.

Tipps & Tricks

◆ Achten Sie darauf, Qualitätswerkzeuge zu kaufen, da Anschläge, Schrauben etc. sonst schnell Verschleißspuren aufweisen und ein genaues Arbeiten dann kaum noch möglich ist. Mit einem vielleicht etwas teurerem, dafür aber besserem Gerät haben Sie deutlich mehr Freude am kreativen Gestalten!

◆ Ständerbohrmaschinen haben die gleichen Eigenschaften wie Handbohrmaschinen. Von Vorteil ist allerdings, dass sich hier das Werkstück auf den Tisch auflegen lässt. Der von oben kommende, eingespannte Bohrer garantiert eine gerade Führung. Ein Tiefenanschlag, wie er z. B. für Sacklöcher benötigt wird, gehört bei den meisten Maschinen zur Grundausstattung. Ein Nachteil der Ständerbohrmaschine ist jedoch der nicht „werkzeuglose" Wechsel eines Bohrers bzw. Senkers. Hier müssen Sie immer zu dem mitgelieferten Bohrfutterschlüssel greifen.

Workshop

Tipps & Tricks

◆ Forstnerbohrer eignen sich außerdem hervorragend zum präzisen Ausbohren von Ästen aus Brettern. Die Löcher werden dann anschließend mit einem sogenannten Astflicken ausgeleimt.

Bohreinsätze und ihre Aufgaben

Spiralbohrer

Bei den meisten Spiralbohrern handelt es sich um sogenannte Universalbohrer, die für Holz, aber auch Metall oder Kunststoff verwendet werden können.
Holzbohrer haben eine Zentrierspitze und Vorschneider, die verhindern, dass der Bohrer im Bohrloch verrutscht, eingesetzt werden können sie aber wirklich nur für Holz.
Oben am Schaft finden Sie die Informationen eingestanzt, wofür der Bohreinsatz geeignet ist (z. B. bedeutet HS geeignet für Holz und Kunststoff) und welchen Durchmesser er hat.

Senkkopfbohrer

Mithilfe des Senkkopfbohrers (auch Ausreiber, Kegelsenker oder Krauskopfbohrer genannt) bohrt man kegelförmige Vertiefungen in das Holz, sogenannte Senklöcher. Diese werden benötigt, wenn Senkkopfschrauben vollständig in dem Werkstück versenkt werden sollen, sodass ihre Köpfe eben mit der Holzoberfläche abschließen. Das Loch für die Schrauben muss dabei vorher mit einem Spiralbohrer vorgebohrt werden, bevor Sie den oberen Teil trichterförmig mit dem Senkkopfbohrer ausreiben.

Forstnerbohrer

Forstnerbohrer werden vorzugsweise zur Herstellung von Sacklöchern (siehe Seite 49) verwendet (z. B. Topfbandbohrungen). Im Gegensatz zu Spiralbohrern haben sie nur eine kurze Spitze und kein Bohrgewinde. Es gibt diese Aufsätze in verschiedenen Größen.

Lochsägen

Der Lochsägen-Aufsatz, der auch Dosenbohrer genannt wird, besteht aus mehreren Teilen. Zum einen dem Aufnahmeschaft, der in die Bohrmaschine eingespannt wird, dem Zentrierbohrer, der in den Aufnahmeschaft gespannt wird, und dann der Lochsäge selbst, die auf den Aufnahmeschaft gedreht oder eingespannt wird. Lochsägen-Aufsätze gibt es in verschiedenen Ausführungen und Durchmessern. Verwendet werden sie zum Anbringen von großkalibrigen (d. h. mit großem Durchmesser), passgenauen Bohrungen, wie z. B. für Steckdosen in einer Wandverkleidung.

Sacklöcher bohren

Bei einem Sackloch handelt es sich um ein Bohrloch, dass das Werkstück nicht vollständig durchdringt, sondern nur bis zu einer bestimmten Tiefe eingebohrt werden darf. Benötigt werden diese, wenn man z. B. mit Dübeln arbeiten will. Gebohrt werden Sacklöcher entweder mithilfe des Tiefenanschlags der Bohrmaschine oder Sie wickeln an der entsprechenden Stelle eine Kreppklebeband-Markierung um den Spiralbohrer, die anzeigt, wie weit der Bohrer eindringen soll.

Hinweis

◆ Selbstverständlich gibt es auch noch andere Arten von Verbindungen, wie z. B. mit Schlitz und Zapfen, Gratverbindungen, Schwalbenschwanzverbindung etc. Diese Verbindungsarten sind jedoch relativ kompliziert, eignen sich ausschließlich für den Möbelbau und sind vorwiegend im Schreinerhandwerk aufzufinden. Selbstverständlich können diese Verbindungen mit entsprechender Fachliteratur, Anleitung und Übung auch von jedem Hobbyhandwerker hergestellt werden.

Eignung von Verbindungsarten

Bevor im Folgenden die einzelnen Verbindungsarten genauer erklärt werden, gibt die Tabelle hier einen groben Überblick darüber, welche Verbindungsart überhaupt für welchen Zweck geeignet ist und welche eher nicht.

Verwendungszweck / Verbindungsart	Dekoratives	kleine Werkstücke, wie z. B. Wohnraumaccessoires	Möbelbau
stumpfe Verbindung (siehe Seite 50)	gut geeignet	bedingt geeignet wegen der geringen Belastbarkeit	nicht geeignet aufgrund der geringen Belastbarkeit; außerdem sieht es nicht schön aus und ist nicht fachgerecht
Nageln (siehe Seite 51)	gut geeignet	bedingt geeignet, weil sich die Verbindung lösen kann	nicht geeignet aufgrund der geringen Belastbarkeit; außerdem sieht es nicht schön aus und ist nicht fachgerecht
Schrauben (siehe Seite 54/55)	gut geeignet	gut geeignet	gut geeignet, aber oft unschön
Nuten (Formfeder) (siehe Seite 53)	nicht geeignet	bedingt geeignet, weil die Stärke des Werkstücks zum Nuten oft zu gering ist	gut geeignet
Dübeln (siehe Seite 52)	bedingt geeignet	gut geeignet	gut geeignet
Auf Gehrung (siehe Seite 50)	nicht geeignet	gut geeignet	gut geeignet

Workshop

Achtung!

◆ Vorsicht im Umgang mit der Heißklebepistole, weil der Klebstoff, der hier austritt, wirklich sehr heiß ist und schnell zu Verbrennungen führen kann. Eine Heißklebepistole gehört niemals in Kinderhände!

Hinweis

◆ Die Heißklebepistole bzw. Holzleim sind in den speziellen Materiallisten nicht mehr extra mit aufgeführt. Bitte haben Sie diese auf alle Fälle vorrätig.

Tipps & Tricks

◆ Heißklebepistolen sind auch kabellos zu bekommen. So erreichen Sie ohne Probleme die Stellen, an die der Klebstoff kommen soll.

◆ Wurden die Flächen vor dem Zusammenleimen bereits einer Oberflächenbehandlung unterzogen, kann der überschüssige Leim problemlos nach dem Antrocknen abgezogen werden.

◆ Bei einer Eckverbindung auf Gehrung empfiehlt es sich, die Säge auf 45,5° einzustellen, um dem Leim etwas Platz zu lassen. Sonst kann es u. U. schwierig werden, eine exakte 90°-Ecke zu bekommen.

Leimen und kleben

Geleimt und geklebt wird im Zusammenhang mit Holzarbeiten zu verschiedenen Zwecken. Zum einen können Sie mit Klebstoff schmückende Elemente aus anderen Materialien aufkleben, zum anderen können Sie aus Holzleim aber auch dauerhafte Holzverbindungen herstellen. Leimverbinden lassen sich nicht mehr lösen, ohne dass das Modell dabei Schaden nimmt.

Mit **Holzleim** verbinden Sie Holzteile miteinander. Man unterscheidet zwischen Holzleim für eine normale Klebeverbindung (D2), Holzleim für eine wasserfeste Holzverbindung (D3) und Expressholzleim, der extrem schnell abbindet. Bis zum Trocknen bzw. Abbinden des Leims müssen die Teile mit Druck aufeinander fixiert werden, bei kleinen Teilen genügt dafür Kreppklebeband, bei größeren Teilen bzw. welchen, die sehr fest miteinander verbunden werden müssen, kommen **Leim-** oder **Schraubzwingen** zum Einsatz. Legen Sie hier Papp-, Kork- oder Holzreststücke unter, damit das Holz keine Druckstellen bekommt. Zum Aufkleben von anderen Materialien können auch andere Klebstoffe zum Einsatz kommen.

Aufkleben von dekorativen Elementen

Hierbei werden unterschiedliche Werkstoffe miteinander verbunden oder kleine Holzteile aufgeklebt, um Modelle zu verzieren. Die aufzubringenden Werkstoffe sollten jedoch klein und leicht sein, da sonst diese Art der Verbindung nicht ausreicht. Wichtig ist, dass die Teile dafür fett- und staubfrei sein müssen. Bis zum Abbinden des Leims pressen Sie die Teile mithilfe von Kreppklebeband, Leim- oder Schraubzwingen aufeinander.

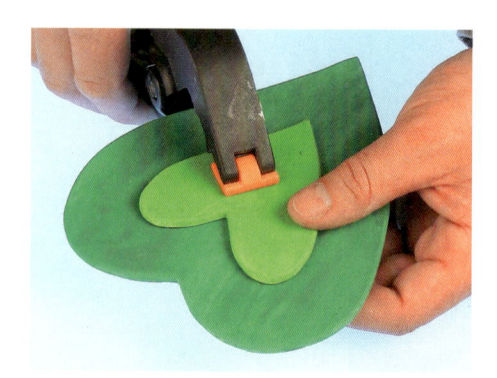

Stumpfe Eckverbindungen

Hierbei handelt es sich um eine schnelle Art zwei Teile, die an den Enden nicht mit einem Winkel zugeschnitten worden sind, miteinander zu verbinden. Es sollten so jedoch möglichst keine tragenden Verbindungen hergestellt werden. Pressen Sie die Teile bis zum Abbinden des Leims mithilfe von Zwingen und Zulagen zusammen.

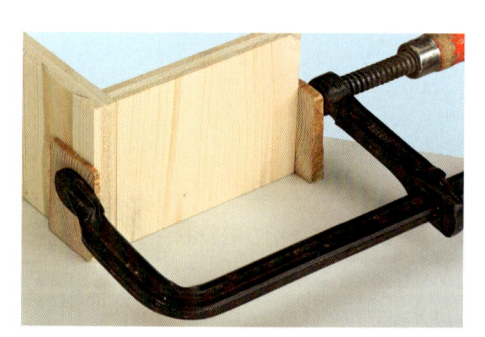

Eckverbindung auf Gehrung

Hierbei handelt es sich um die eleganteste Art, Ecken miteinander zu verbinden. Es bedarf keines weiteren Verbindungsmaterials. Die Gehrungsfläche bietet dem Leim genügend Platz um seine vollen Kräfte entfalten zu können. Die Gehrung wird mithilfe der auf 45° bzw. 45,5° eingestellten Kreissäge hergestellt. Sind beide Teile gesägt, müssen Sie diese mit den spitzen Flächen aneinander legen, mit Klebeband verbinden und dann drehen. Nun in die Gehrungsspitze den Leim geben. Die beiden Teile auf 90° „falten" und in dieser Position fixieren, bis der Leim getrocknet ist.

Bohren & verbinden

Nageln

Nageln ist eine einfache (aber leider auch etwas unschöne) Methode, um stumpf aufeinander stoßende Holzteile dekorativer Wohnraumaccessoires miteinander zu verbinden. Für den Möbelbau ist das Nageln eher nicht geeignet, weil eine Nagelverbindungen sich leicht wieder lösen kann. Für eine dauerhafte Verbindung sollten Sie also eine andere Verbindungsart wählen.

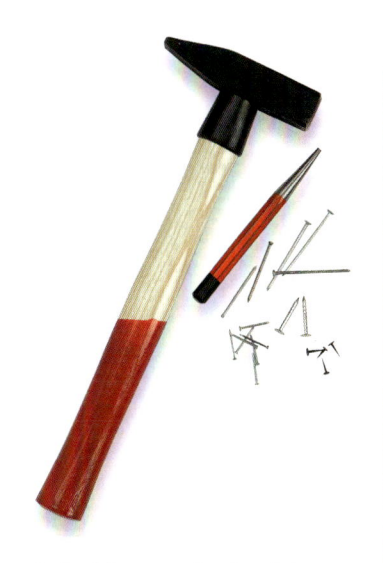

Achten Sie beim Kauf des **Hammers** darauf, dass der Kopf fest auf dem Griff sitzt, weil Sie sich sonst schnell verletzen können. Für Nagelverbindungen, die später nicht mehr zu sehen sein sollen, brauchen Sie **Senkkopf-** oder **Stauchkopfnägel** sowie ggf. einen **Nageltreiber**. Für andere Nagelverbindungen können Sie ebenfalls Senkkopf-, aber auch **Flachkopf-** oder **Rundkopfnägel** nehmen, wobei der Rundkopfnagel hier sogar eine schmückende Funktion übernimmt. Von der Länge her müssen die Nägel so gewählt werden, dass sie zu einem Drittel im oberen Werkteil sitzen und zu zwei Dritteln im unteren.

Nagel schräg einschlagen
Die Verbindung hält besser, wenn Sie die Nägel mal zu der einen, mal zu der anderen Seite gekippt einschlagen. Dabei ist es aber wichtig, dass Sie trotzdem senkrecht zum Nagel schlagen, damit dieser nicht verbiegt.

Nagel gerade einschlagen
Beim Einschlagen von kleinen Nägeln in weiches Holz legen Sie ein Reststück Hartholz auf den fast eingeschlagenen Nagel und schlagen ihn dann weiter ein. So verhindern Sie Hammerabdrücke auf dem weichen Holz.

Nägel versenken
Um Senkkopf- und Stauchkopfnägel so im Holz zu versenken, dass sie später (fast) nicht mehr zu sehen sind, setzen Sie einen Nageltreiber senkrecht auf den Nagelkopf auf und schlagen den Nagel mit dessen Hilfe weiter ein.

Nagelloch zukitten
Wer will, gibt anschließend Holzkitt in passender Farbe auf das Loch, streicht diesen mit einem Spachtel glatt und schleift das Ganze nach dem Trocknen mit Schleifpapier glatt.

Tipps & Tricks

◆ Werden Nägeln mit großem Durchmesser benötigt, dann sollten Sie das Holz vorbohren, damit dieser das Holz nicht sprengt.

◆ Wer mit weichem Holz arbeitet, sollte den Nageln vorher stauchen, damit dieser das Holz nicht spaltet. Dazu mit dem Hammer leicht auf die Spitze schlagen. Dabei am besten einen Holzrest unterlegen.

◆ Wer beim Nageln aus Versehen eine kleine Delle ins Holz schlägt, trägt etwas Wasser auf diese Stelle auf. Dadurch quellen die Holzfasern wieder auf. Falls notwendig, das Holz nach dem Trocknen wieder eben schleifen.

Dübeln

Neben dem Schrauben und Nageln ist die Verwendung von Holzdübeln wohl die bekannteste Art, Werkstücke miteinander zu verbinden. Unterschieden wird hierbei zwischen der „offenen" Dübelung, bei der die Dübel sichtbar sind, und der „verdeckten", bei der die Dübel als Verbindungsmittel nicht sichtbar sind.

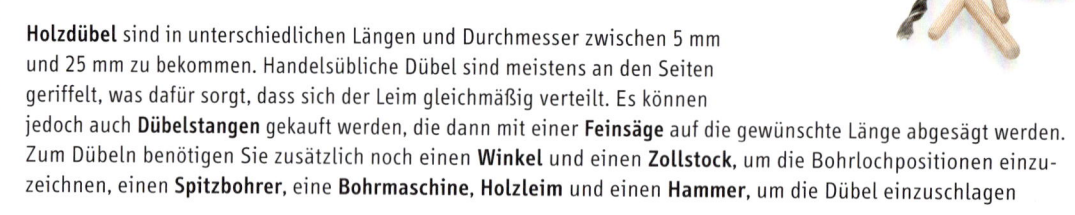

Holzdübel sind in unterschiedlichen Längen und Durchmesser zwischen 5 mm und 25 mm zu bekommen. Handelsübliche Dübel sind meistens an den Seiten geriffelt, was dafür sorgt, dass sich der Leim gleichmäßig verteilt. Es können jedoch auch **Dübelstangen** gekauft werden, die dann mit einer **Feinsäge** auf die gewünschte Länge abgesägt werden. Zum Dübeln benötigen Sie zusätzlich noch einen **Winkel** und einen **Zollstock**, um die Bohrlochpositionen einzuzeichnen, einen **Spitzbohrer**, eine **Bohrmaschine**, **Holzleim** und einen **Hammer**, um die Dübel einzuschlagen

Tipps & Tricks

◆ Wer mit Dübelstangen arbeiten will, der sollte die abgesägten Dübel an den Enden „fasen", d. h. abrunden, um ein leichteres Einbringen des Dübels zu erreichen.

◆ Der benötigte Dübel-Durchmesser sollte wie folgt ermittelt werden: Für dünne Bretter bis zu einer Stärke von 10 mm benötigen Sie einen Durchmesser von einem Drittel, bei dicken Brettern ca. die Hälfte der Brettstärke.

◆ Markieren Sie das Loch, das Sie mit dem Spitzbohrer vorgestochen haben, zusätzlich mit einem weichen Bleistift, das gewährleistet ein genaues Anvisieren beim Bohren.

◆ Für das Markieren bzw. Anzeichnen des Gegenstücks eignen sich Dübelhilfen, die mit einer Metallspitze ausgestattet sind. Diese werden in die gebohrten Löcher gesteckt, exakt über dem Gegenstück platziert und in das Gegenstück eingedrückt. So wird die genaue Dübelposition „markiert" und das manuelle Anzeichnen mit Bleistift, Winkel und Meterstab entfällt.

1 Anzeichnen der Dübelpositionen

Das Anzeichnen der Dübelposition geschieht mithilfe eines Bleistifts, Winkels und Meterstabs. Generell gilt, dass zwischen den Dübeln ein Abstand von 100 mm bis 150 mm eingehalten werden soll, sowie vorne und von hinten jeweils ein Abstand von 20 mm zu den Seitenrändern, um ein Reißen bzw. Splittern zu verhindern.

2 Vorstechen

Das Vorstechen geschieht mithilfe eines Spitzbohrers, wobei Sie die Mitte des angezeichneten Lochs einstechen sollten. Dies dient zur Führung des Bohrers beim Ansetzen.

3 Bohren

Das Bohren geschieht mithilfe eines Holzbohrers. Die Zentrierspitze an der in Schritt 2 markierten Stelle ansetzen und ein Sackloch einbohren. Wichtig ist, dass 1/3 in der Fläche und 2/3 in der Kante eingebohrt wird. Wichtig ist, dass die Bohrungen bei den beiden Teilen, die zusammengefügt werden sollen, genau auf der gleichen Höhe sitzen müssen!

4 Zusammenfügen

Im nächsten Schritt wird in beide Löcher Leim eingespritzt. Dann in die Stirnholzbohrung (Kante) die Dübel mit einem Hammer einbringen. Anschließend beide Teile ineinander stecken und mithilfe von Schraubzwingen fixierten.

Bohren & verbinden

Nuten (mit Formfedern)

Eine weitere Art, Plattenwerkstoffe miteinander zu verbinden, ist der Einsatz von Formfedern (bekannt auch unter dem Namen „Lamello"). Hierbei wird mithilfe einer Handmaschine an beiden Teilen eine ellipsenförmige Nut eingefräst, in die dann die Formfeder eingesetzt wird. So können die Teile unsichtbar miteinander verbunden werden. Der Vorteil dieser Verbindung ist, dass die eingebrachten Formfedern (meist aus Buche) in der Nut mithilfe des Leimes aufquellen und so eine schlüssige, passgenaue Verbindung der beiden Plattenwerkstoffe herstellen.

Die Formfedern aus Holz, auch **Lamellos** genannt, erhalten Sie in den Größen 10 und 20. Wichtig zum Anbringen sind eine **Lamellofräse**, die Sie am besten ausleihen, **Holzleim**, ein **Hammer** und natürlich die Hilfmittel, die zum Anzeichnen der Positionen benötigt werden.

Einzeichnen

1 Die beiden zu verbindenden Werkstücke so zusammenlegen, wie sie später auch zusammengebaut werden sollen. Mit einem Bleistifts die Mitte der Formfeder (als Strich) auf beiden Teilen markieren. Den nun entstandene Anriss mithilfe des Winkels einmal ins Quer-/Längsholz verlängern sowie in die Hirnholzseite.

Formfräse einstellen

2 Die Formfederfräse je nach Herstellerangaben einstellen. Hierbei werden die Tiefe der Formfeder, der Winkel des Anschlages sowie die Höhe, in der die Nut gefräst werden soll, definiert.

Anlegen und fräsen

3 Nun die Maschine an der vorher markierten Stelle (der Anriss ist an der Maschine mittig gekennzeichnet) anlegen, festhalten und nach vorne schieben.

Zusammenfügen

4 In die Nuten wird nun der Leim eingegeben, die entsprechend passenden Fromfedern werden in ein Teil des Werkstücks mit dem Hammer eingeschlagen und anschließend mit dem anderen Teil zusammengefügt. Mit Schraubzwingen fixieren.

Tipps & Tricks

◆ Nuten können Sie auch mithilfe einer stationären Kreissäge anbringen. Vorher müssen Sie jedoch festgelegen, ob diese durchgehend oder eingesetzt (nicht durchgenutet) angebracht werden soll. Die dann benötigten Federn können Sie ebenfalls mithilfe der Kreissäge herstellen, indem Sie dünne Leisten in entsprechender Stärke und Länge zuschneiden.

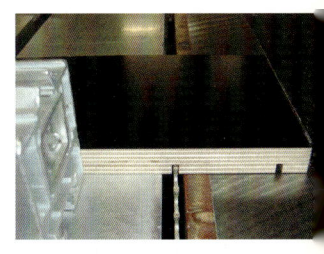

◆ Außerdem entfällt hier im Vergleich zum Dübeln das umständliche Anzeichnen und der Lamollofräser ist einfacher zu handhaben.

Workshop

Hinweise

◆ Nicht bei allen Modellen hier im Buch werden die ganz exakten Schrauben mit angegeben, da sie sich mit verschiedenen arbeiten lassen. Wählen Sie in dem Fall passende Schrauben aus Ihrem Vorrat aus und orientieren Sie sich dabei an den Hinweisen hier auf diesen Seiten.

◆ Dekorative Schraubenköpfe, wie der Rund- oder Linsenkopf, sollen etwas über die Holzoberfläche ragen und haben eine schmückende Funktion. Andere Schrauben sollen eben mit der Holzoberfläche abschließen bzw. im Holz versenkt werden, wofür Sie den Senkkopfbohrer benötigen (siehe Seite 48).

◆ Für viele gängige Spax-Schrauben gibt es farblich passende Abdeckkappen, die die Schraubenköpfe „unsichtbar" machen.

Schrauben

Schrauben sitzen mit ihrem Gewinde fest im Holz, lassen sich aber bei Bedarf wieder herausdrehen, wenn ein Möbelstück zum Beispiel abgebaut werden soll. Das bedeutet, dass Sie mit Schrauben eine zwar sichere, aber dennoch flexible Verbindung erhalten – im Gegensatz zum Leimen oder Nageln, wo sich die Verbindung nur noch schwer oder gar nicht mehr lösen lässt. Damit ist das Schrauben besonders gut für Dekoratives oder Wohnraumaccessoires geeignet, allerdings können die sichtbaren Schraubenköpfe hier als störend empfunden werden.

Schraub-Werkzeuge

Wer viel und oft schrauben muss, für den lohnt sich die Anschaffung eines **Akkubohrers**, mit dem auch kleinere Löcher eingebohrt werden können (siehe auch Seite 47). Mit ihm lassen sich die Schrauben schnell und ohne großen Kraftaufwand eindrehen. Dafür versehen Sie den Bithalter mit dem zum Schraubenschlitz passenden Bit, der einfach nur aufgesteckt werden muss.
Wer nur wenig schrauben muss, der kann dies auch mit einem **Schraubendreher**, auch Schraubenzieher genannt, tun. Diese gibt es in unterschiedlichen Längen und mit verschiedenen Schneidenformen, z. B. Kreuz- oder Längsschlitz.

Schrauben

Am gängigsten sind heutzutage die sogenannten **Spax-Schrauben**, also Spanplattenschrauben mit Kreuzschlitz. Deren Gewinde beginnt meistens direkt unter dem Kopf, ist dünn und selbstschneidend und der Kreuzschlitz bietet dem Schraubendreher einen sicheren Halt. Deshalb können sie meistens – mit etwas Kraftaufwand – ohne Vorbohren eingedreht werden. Wer trotzdem ein Loch vorbohrt, sorgt aber garantiert für die richtige Führung der Schraube!
Standard-Holzschrauben haben einen größeren Durchmesser als Spaxschrauben und einen Schaft, d. h. eine gewindefreie Fläche. Sie erhalten sie auch mit dekorativen Köpfen, wie dem Linsen- oder Rundkopf. Für Standard-Holzschrauben müssen Sie auf alle Fälle Löcher vorbohren, sonst besteht die Gefahr, dass sie das Holz spalten, wenn sie eingedreht werden.
Der Durchmesser einer Schraube bezieht sich immer auf das Gewinde, die Länge wird immer vom Kopf bis zum Ende gemessen.

Bohren & verbinden

Richtiger Sitz des Schraubendrehers

1 Wichtig ist, dass der Schraubendreher bzw. der Bit des Akkubohrers genau auf die Schraube abgestimmt wird, sonst besteht die Gefahr, abzurutschen, sich zu verletzen oder den Schraubenkopf so zu beschädigen, dass sich die Schraube nur noch schwer ein- oder wieder herausdrehen lässt. Bei Längsschlitz-Schrauben sollte die Klinge so lang und so breit wie der Schraubenschlitz sein. Bei Kreuzschlitz-Schrauben sollte der passende Kopf des Schraubendrehers gewählt werden.

Loch vorbohren

2 Bei Standard-Holzschrauben muss, bei Spax-Schrauben kann ein Loch vorgebohrt werden. Wichtig ist, dass das vorgebohrte Loch ca. ein Drittel kleiner als der Schraubendurchmesser ist und nur ca. drei Viertel der Schraubenlänge tief, damit die Schraube später beim Eindrehen richtig Halt bekommt. Achten Sie darauf, dass das vorgebohrte Loch, das der Schraube beim Eindrehen die Führung gibt, auch wirklich richtig gerade sitzt!

Schraube eindrehen

3 Zum Eindrehen die Schraube genau senkrecht in das vorgebohrte Loch stecken oder ganz leicht in das Holz drücken (wenn nicht vorgebohrt wurde). Dann die Schraube mit dem Akkubohrer oder einem Schraubendreher eindrehen. Wählen Sie zum Verbinden von zwei Holzteilen die Schraubenlänge so, dass sie zu einem Drittel im oberen Holzstück und zu zwei Dritteln im unteren sitzt.

Tipps & Tricks

◆ Die Löcher zum Schrauben müssen nicht immer mit dem Akkubohrer oder der Bohrmaschine vorgebohrt werden. Wenn Sie mit dünnem oder weichem Holz arbeiten, genügt auch das Einstechen mit einem Vorstecher.

◆ Halten Sie beim Eindrehen die Schraube nicht mit den Fingern fest. Falls Sie mit dem Schraubendreher oder dem Akkubohrer abrutschen, würden Sie sich sonst ganz schnell verletzen!,

PROFITIPPS

Löcher ansenken
Senkkopfschrauben sollen eben mit der Holzoberfläche abschließen. Dafür müssen Sie mit dem Senkkopfbohrer (siehe Seite 48) das vorgebohrte Loch oben trichterförmig erweitern bzw. entgraten, damit die Schraube hier auch genügend Platz hat.

Schraubenköpfe mit Holzkitt verdecken
Besonders sauber sieht es aus, wenn Sie die Schraubenköpfe im Anschluss mit farblich passendem Holzkitt verdecken und die Oberfläche wieder glatt schleifen.

Topfuntersetzer

Mit einem Zirkel einen Kreis mit ø 260 mm auf die Multiplexplatte zeichnen und mit der Stichsäge aussägen. In unregelmäßigen Abständen verschieden große Kreise leicht vorzeichnen.
Die Kreise vorsichtig mit dem Forstnerbohrer bzw. der Lochsäge aussägen.
Alle Ränder mit 120er-Schleifpapier glätten. Die obere Seite des Untersetzers mit 240er-Schleifpapier glatt schleifen.

Modellgröße
ø 260 mm

Material
- Multiplexplatte, 15 mm stark:
  – 300 mm x 300 mm
- Forstnerbohrer, ø 30 mm und 35 mm
- Lochsäge, ø 45 mm und 50 mm

Ideeninsel

Modellhöhe
ca. 420 mm

Material
- Vierkantholzleiste, 22 mm x 22 mm:
  – 11x 420 mm lang
- Vierkantholzleiste, 14 mm x 14 mm:
  – 15x 420 mm lang
  – 50 mm lang (als Schlüsselanhänger; Anzahl abhängig von Schlüsselanhänger-Anzahl)
- 4 Kreuzschlitzschrauben 4,5x30
- Metall-Schlüsselringe, ø 22 mm (Anzahl abhängig von der gewünschten Schlüsselanhänger-Anzahl)
- Bohrer und Senker, ø 6 mm

Montageskizzen
Seite 114

Einfaches Regalbrett

Die Multiplexplatte grob zuschneiden. Dabei in der Länge und Breite jeweils 50 mm zum Fertigmaß dazugeben. Dann an jeweils einer Längsseite der Bretter die Gehrungen anschneiden.
Das Sägeblatt wieder gerade stellen und die übrigen Kanten so beschneiden, dass das in der Materialliste aufgeführte Fertigmaß erreicht wird.
Die Längskanten (nicht die Gehrungen) sauber schleifen, die Löcher für die Wandbefestigung in das schmalere Brett bohren und ausreiben. Die beiden Teile mit Holzleim rechtwinklig zusammenkleben.
Die übrigen Kanten nach Geschmack brechen oder abrunden. Zum Schluss mit einem leicht mit Öl getränktem Lappen die Kanten behandeln.

Modellhöhe
ca. 60 mm

Material
- beschichtete Multiplexplatte in Braun, 18 mm stark
  - 900 mm x 150 mm (Regalbrett; Fertigmaß)
  - 900 mm x 60 mm (Winkel für Wandbefestigung; Fertigmaß)
- Holzöl
- Bohrer, ø 6 mm

Montageskizze
Seite 115

Bohren & verbinden

Schlüsselbrett

Zwei 22 mm starke Leistenstücke mit zwei 14 mm starken Leistenstücken rechtwinklig so miteinander verschrauben, dass die 14 mm-Stücke links und rechts bündig mit den 22 mm-Stücken abschließen, die stärkeren Stücke aber oben und unten 7 mm überstehen. Dabei die Schrauben versenken.
Den Grundrahmen umdrehen und von unten beginnend die 14 mm Leistenstücke im gleichen Abstand mit Holzleim aufkleben. Dann den Rahmen umdrehen und die restlichen 22 mm-Leistenstücke einleimen. Dabei dient ein Leistenstück als Abstandshalter.
Für die Schlüsselanhänger 50 mm lange Leistenabschnitte mit einem Holzbohrer (ø 6 mm) mit 3 mm Abstand von unten komplett durchbohren und die Schlüsselringe durchziehen.

Zur Aufhängung an den in der Montageskizze rot markierten Stellen eine Bohrung anbringen (ø ca. 6 mm) und das Schlüsselbrett mit Dübelschrauben an der Wand befestigen.

Tipps & Tricks

- Die Beschriftungen der Schlüsselanhänger erfolgten hier mithilfe von selbstklebendem Papier.

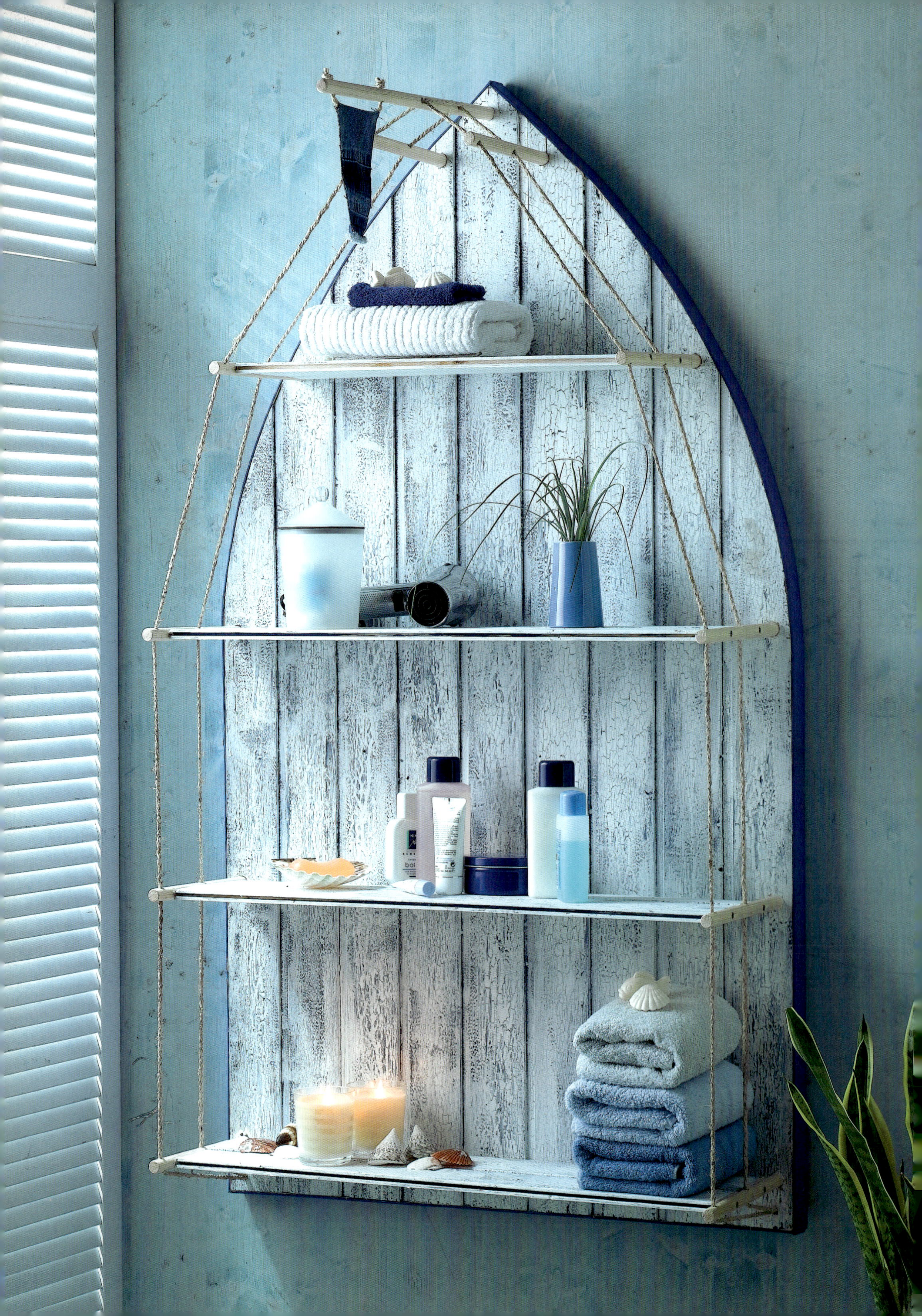

Ideenpool

Immer die passende Idee

Der Ideenpool ist unterteilt in die Unterkapitel Wohnraumaccessoires, Kleinmöbel, Dekoratives für draußen und Ideen fürs Kinderzimmer. Sie finden Modelle für Anfänger, aber auch welche, die selbst für Fortgeschrittene eine Herausforderung darstellen – dafür aber dann umso mehr begeistern. Freuen Sie sich auf Praktisches für die Küche und fürs Badezimmer, neue Regale, die jede Menge Stauraum bieten, Sachen, die Ihren Garten (noch) schöner machen und Modelle, die Kinderaugen zum Leuchten bringen.

Mit praktischen Materiallisten

Zu jedem Modell finden Sie eine praktische Liste mit allen benötigten Materialien. Die Werkzeuge und Hilfsmittel, die in den jeweiligen Kapiteln im Workshop-Teil vorgestellt werden, werden allerdings nicht noch mal genannt, sondern als vorhanden vorausgesetzt. Außerdem erfahren Sie hier, auf welcher Seite Sie die zu dem Modell gehörende Vorlage oder Montageskizze finden.

Tipps und Tricks für gutes Gelingen

Die Anleitungen bauen auf den Workshop und das hier Gelernte auf. Wie dort, finden Sie auch hier jede Menge wertvolle Tipps und Tricks, die das Arbeiten erleichtern und dafür sorgen, dass das ausgewählte Modell auch garantiert ein Erfolg wird. Viel Vergnügen beim Nacharbeiten!

Hinweise

◆ Zum Nacharbeiten der Modelle werden die im Workshop erlernten Kenntnisse vorausgesetzt und nicht mehr ausführlich beschrieben. Sie können die Technik aber schnell nachlesen, wenn Sie einmal etwas vergessen haben.

◆ In den Materiallisten werden die im Workshop vorgestellten Werkzeuge und Materialien nicht mehr mit aufgeführt.

◆ Gibt es zu den Modellen Arbeitsschrittbilder, dann verweist die Ziffer darauf, zu welchem Arbeitsschritt das jeweilige Bild gehört.

◆ Die Modelle im Ideenpool sind in folgende Schwierigkeitsgrade unterteilt:
● ● ● einfach
● ● ● schwieriger
● ● ● anspruchsvoll

Wohnraumaccessoires

Wohnraumaccessoires

Schlichter Leuchter

1 Auf das Kantholz die Mittelpunkte der Löcher übertragen, welche mit der Lochsäge gesägt werden sollen. Dazu ein Rollmaß, einen Winkel und einen Bleistift verwenden.

2 Beim Arbeiten mit der Ständerbohrmaschine oder dem Bohrständer bei ausgeschalteter Bohrmaschine zuerst die Bohrtiefe einstellen, dann das Werkstück nach Anriss und den Zentrierbohrer der Lochsäge ausrichten und diesen fest im Maschinenschraubstock einspannen (bzw. auf dem Maschinentisch aufspannen). Das wiederholt sich Bohrung für Bohrung. Das Teil darf in keinem Fall von Hand gehalten werden. Wer mit der Handbohrmaschine arbeitet, spannt erst das Werkstück fest in die Werkbank und richtet dann die ausgeschaltete Bohrmaschine nach Anriss und dem Zentrierbohrer der Lochsäge aus, erst dann wird gebohrt.

3 Die eingesägten Löcher mit dem Holzhammer und dem breiten Stechbeitel durch leichte Schläge von beiden Werkstückseiten aus im Wechsel behutsam in kleinen Stücken herausstemmen. Dazu das Werkstück immer mit einer Schraubzwinge fest auf die Werkbank aufspannen. Übereifer, stumpfe Stechbeitel und rohe Gewalt führen schnell dazu, dass das Material an Stellen wegplatzt, wo es nicht erwünscht ist. Die bisherige Arbeit war dann umsonst.

4 Nachdem die Löcher ausgestemmt worden sind, die Standflächen für die Gläser mit dem schmalen Stechbeitel von Hand nachschneiden. Die spitzen Kanten der seitlich offenen Bohrungen mit der Feile brechen. So verhindert man, dass diese beim Abbrennen zu schnell und ungleichmäßig verbrennen.

5 Nun die noch recht uninteressant wirkende Oberfläche des Leuchters, bis auf die Standfläche, mit der Lötlampe verbrennen. Dabei den Leuchter beim Brennen am besten auf einen Pflaster- oder Ziegelstein stellen, so lassen sich auch die Seiten und Bohrungen problemlos abflammen.

6 Zum Schluss die verbrannte, erkaltete Oberfläche mit der Messing-Drahtbürste vorsichtig in Faserrichtung abbürsten. Dazu unbedingt Arbeitshandschuhe und eine Staubmaske tragen! Da das weichere Holz zwischen den Jahresringen schneller verbrennt als die Jahresringe selbst, werden diese durch das Bürsten noch hervorgehoben. Erst jetzt kommt die Struktur der Holzmaserung richtig zur Geltung und gibt dem Leuchter sein interessantes Äußeres.

Schwierigkeitsgrad
● ● ●

Modellhöhe
ca. 100 mm

Material
- Fichte- oder Kiefer-Kantholz, 60 mm stark:
  – 350 mm x 100 mm (Fertigmaß)
- 3 Kerzen im geraden, runden Gläsern, ø 65 mm
- ggf. Holzöl oder Holzwachs
- Stechbeitel (Stemmeisen), 14 mm und 20 mm breit, geschärft und abgezogen
- Lötlampe (Gas oder Benzin)
- Pflaster- oder Ziegelstein
- Messing-Drahtbürste (keine Stahl-Drahtbürste, diese ist zu hart)
- Lochsäge, Schnitttiefe 40 mm oder mehr, ø 65 mm (kann variieren, immer am Kerzen-Glas orientieren)

Montageskizzen
Seite 114

Tipps & Tricks

◆ Für dieses Modell verwenden Sie am besten eine Ständerbohrmaschine oder eine Bohrmaschine mit Bohrständer. Mit der Handbohrmaschine ist es schwieriger, da kein winkliges Bohren garantiert werden kann.

◆ Wer einen Forstner-, Kunst- oder verstellbaren Bohrer besitzt, kann diesen anstelle der Lochsäge verwenden und erspart sich so auch noch das Ausstemmen und Nacharbeiten der Standflächen für die Gläser.

◆ Gebrannt wird am besten im Freien, z. B. auf dem gepflasterten Gartenweg. Wichtig ist, dass das Modell auf einer brandsicheren Unterlage steht!

◆ Ein Nachbehandeln der Oberfläche ist nicht erforderlich, wer will kann aber Holzöl oder Holzwachs auftragen. Klarlack ist in diesem Fall ungeeignet.

Treibholz-Garderobe

Tipps & Tricks

◆ Als Treibholz bezeichnet man Holz, das auf dem Wasser treibt oder durch Wind, Gezeiten, Strömung oder Wellengang an das Ufer getrieben worden ist. Besonders Treibholz, das man an Meeresstränden findet, hat seine eigenen Reiz. Durch die permanente Bewegung im Salzwasser in Verbindung mit der abschleifenden Wirkung von Sand sieht das Treibholz meist ganz glatt aus. Besonders schöne Treibholzstücke entstehen dort, wo das Holz am Strand oder Ufer immer wieder der Sonne ausgesetzt wird, trocknet und dann durch den Gezeitenwechsel erneut im Wasser bewegt wird.

◆ Kräftige Holzstücke und Astgabeln mit ø 15–45 mm und mindestens 150 mm Länge eignen sich als Aufhängehaken für die Garderobe. Rinde und kleinere Treibholzstücke sind als Dekoration zwischen den Haken gut geeignet.

◆ Heißkleber zieht oft ungewollt Fäden. Bevorzugen Sie deshalb beim Aufkleben der dekorativen Rinden- und Treibholzstückchen Montagekleber.

Schwierigkeitsgrad
● ● ●

Modellhöhe
ca. 280 mm (mit überstehenden Treibhölzern)

Material
- altes, ungehobeltes Brett (alternativ Fichte-Leimholz, ungehobelt), 30 mm stark:
  – 1070 mm x 200 mm
- verschiedene Treibholz- und Rindenstücke
- 2 Flacheisen mit Löchern, 95 mm x 35 mm x 2 mm
- 6 Kreuzschlitzschrauben, 7 mm x 45 mm
- 12 Kreuzschlitzschrauben, 4 mm x 20 mm
- 2 Schraubhaken mit Dübeln, 60 mm lang
- Montagekleber
- Schnitzmesser
- Holzbohrer, ø 3 mm
- diverse Forstnerbohrer mit ø 20–40 mm

Montageskizzen
Seite 119

1 Für die Aufhängung der Garderobe gemäß der Skizze an den zuvor markierten Stellen auf der Rückseite des Bretts mit einem Forstnerbohrer (ø 20 mm) links und rechts oben ein 15 mm tiefes Loch bohren. Darüber je ein Flacheisen so montieren, dass das obere Loch im Eisen genau über der Bohrung des Forstnerbohrers liegt. Die Eisen mit je sechs Kreuzschlitzschrauben (4 mm x 20 mm) festschrauben.

2 Die als Haken in Frage kommenden geraden Treibholzstücke (ø zwischen 20 mm und 40 mm) mit der Stichsäge auf eine passende Länge (ca. 100 mm bis 150 mm) kürzen. Als Haken eignen sich außerdem Astgabeln, von denen ein Astteil möglichst flach auf dem Brett montiert wird und das andere als Haken absteht. Auf der Vorderseite des Grundbretts die so vorbereiteten und ausgesuchten Haken und Astgabeln nach Wunsch anordnen und deren Lage mit wenigen Bleistiftstrichen markieren. Alle Holzstücke wieder entfernen.

3 Je nach Durchmesser des Treibholzstücks, das als Haken dienen soll, mit einem passenden Forstnerbohrer (besser einen kleineren als einen zu großen Bohrer wählen) zunächst gerade, damit der Bohrer richtig greifen kann, und dann schräg von oben (siehe Skizze Seite 119) in das Grundbrett bohren. Dabei darauf achten, dass das Grundbrett nicht durchbohrt wird. Bei allen anderen Haken ebenso vorgehen.

4 Jetzt mit dem Holzbohrer (ø 3 mm) das Brett mittig durch die kreisrunden Bohrlöcher durchbohren. Für jeden Astgabelhaken ebenso zwei bis drei Löcher im Bereich des später aufliegenden Astteils vorbohren.

5 Die geraden Treibholzstücke nacheinander in die für sie vorgesehenen Bohrlöcher einpassen. Falls nötig, überstehende Teile mit einem Schnitzmesser entfernen. Alle Haken mittig im Forstnerbohrerloch mit Heißkleber befestigen. Auch die Astgabeln mit Heißkleber am vorgesehenen Ort befestigen.

6 Für die benötigte Stabilität abschließend alle Haken und Astgabeln mithilfe von Kreuzschlitzschrauben (7 mm x 45 mm) durch die vorbereiteten Bohrlöcher von der Rückseite des Bretts aus befestigen.

7 Auf der Garderobenvorderseite Rindenstücke und kleinere Holzstücke zwischen den montierten Haken dekorieren und mit Montagekleber befestigen. Den Kleber gut trocknen lassen.

8 Für die Montage an der Wand zwei der Dübelgröße entsprechende Löcher im Abstand der Flacheisenlöcher in die Wand bohren, die Dübel einsetzen und die Schraubhaken eindrehen.

Wohnraumaccessoires

Badematte

Tipps & Tricks

◆ Den Abstand der Latten zueinander müssen Sie nicht jedes Mal einzeln ausmessen. Legen Sie einfach beim Aufschrauben eine 10 mm starke Leiste hochkant als Abstandshalter dazwischen, so geht das am einfachsten.

◆ Wenn Sie die Schablone nicht selbst herstellen wollen, dann greifen Sie einfach zu unterschiedlichen Buchstaben-Schablonen (z. B. aus dem Bastelfachhandel). Achten Sie hier darauf, die einzelnen Buchstaben der Wörter immer auf der gleichen Höhe beginnen zu lassen.

Schwierigkeitsgrad

● ● ○

Modellgröße
ca. 750 mm x 420 mm

Material
- Dachlatten, 35 mm x 18 mm:
  – 9x 750 mm lang
  – 3x 420 mm lang
- Acrylfarbe in Blau, Türkistönen und Weiß
- Klarlack auf Wasserbasis
- 27 Schrauben, 4 mm x 30 mm
- feste Pappe oder festen Kunststoff (z. B. Rückseite eines Schnellhefters)
- Cutter
- Schablonierpinsel
- Bohrer, ø 3 mm

Montageskizze
Seite 115

Vorlage
Seite 127

1 Die Dachlatten auf die in der Materialliste angegebenen Längen zusägen.

2 Die Schraublöcher anzeichnen, vorbohren und die Querlatten auf den drei längs laufenden Unterlatten festschrauben. Der Abstand der Latten beträgt dabei 10 mm zueinander.

3 Dann die Latten in unterschiedlichen Farben streichen und trocknen lassen.

4 Die Bretter glatt schleifen ggf. erneut lackieren und wieder trocknen lassen. Damit die Badematte den angesagten, etwas gebrauchten Look bekommt, müssen die Kanten noch einmal leicht angeschliffen werden, damit hier die Holzfarbe wieder durchscheint.

5 Jetzt die Schablone herstellen. Dazu die Vorlage auf feste Pappe oder starkes Plastik (z. B. die Rückseite eines Schnellhefters) übertragen und die Buchstaben mit einem Cutter ausschneiden. Dabei darauf achten, dass die Stege bei den Buchstaben nicht durchtrennt werden dürfen!

6 Die Schablone auflegen und die Buchstaben mit dem Schablonierpinsel ausstupfen. Dabei darauf achten, dass nicht zu viel Farbe auf einmal auf den Pinsel aufgenommen werden darf, damit diese nicht aus Versehen unter die Buchstaben laufen kann.

7 Nach dem Trocknen die Badematte mindestens zweimal mit Klarlack versiegeln, damit sie im Bad auch lange schön aussieht.

Wohnraumaccessoires

Messerblock

Tipps & Tricks

- Schaschlikspieße in der benötigten Menge sind höchstens zu Beginn der Grillsaison in Haushaltswarenabteilungen vorrätig, man kann aber zu jeder Jahreszeit die benötigte Menge bei einem Händler bestellen. Alternativ können Sie den Messerblock auch mit Reiskörnern füllen, das spart Kosten und Arbeit.

- Tauschen Sie die Schaschlikspieße regelmäßig (mindestens einmal pro Jahr) aus, damit der Messerblock sauber bleibt.

Schwierigkeitsgrad
● ● ●

Modellhöhe
ca. 216 mm

Material
- Fichte-Leimholz, 16 mm stark:
  – 272 mm x 158 mm (Grundplatte)
  – 240 mm x 100 mm (kleine Vorderwand)
  – 2x 240 mm x 200 mm (Zwischen- und Rückwand)
  – 2x 158 mm x 200 mm (Seitenwände)
- ca. 2500 Schaschlikspieße, ø ca. 2 mm, davon ca. 1300 gekürzt auf 200 mm (für den hohen Teil des Messerblocks) und ca. 1200 gekürzt auf 100 mm (für den niedrigen Teil des Messerblocks)
- 22 Holzdübel, 5 mm x 30 mm
- flüssiges Naturwachs
- Holzbohrer, ø 5 mm
- Bretter zum Zusägen der Schaschlikspieße

Montageskizzen
Seite 116

1 Die Maße der beiden Seitenteile auf die entsprechenden Leimholzplatten übertragen und diese nacheinander mit der Stichsäge zusägen. Alle Holzoberflächen mit dem Schwingschleifer abschleifen und die Kanten mit dem Dreiecksschleifer leicht fasen (abrunden).

2 Alle Teile an den in den Zeichnungen markierten Stellen mit dem Holzbohrer (ø 5 mm) für die Dübel vorbohren.

3 Gemäß der Skizzen mit einer Ständerbohrmaschine (5 mm-Holzbohrer) die Löcher für die Holzdübel bohren. Die Bohrlöcher in den Kanten der Holzplatten dürfen etwas tiefer als 20 mm sein.

4 Mit Kreppklebeband im Abstand von 10 mm zur Spitze den Holzbohrer umkleben, damit die Bohrlöcher in der Grundplatte und den Seitenteilen nicht tiefer als 10 mm werden.

5 In die Bohrlöcher des linken, auf der Arbeitsfläche liegenden Seitenteils Holzleim füllen und die Dübel einsetzen. Die Bohrlöcher an den linken Stoßkanten der Vorder-, Zwischen- und Rückwand ebenso mit Holzleim füllen und die Bauteile nacheinander wie aus der Skizze ersichtlich senkrecht auf der Innenseite des linken Seitenteils positionieren, zusammenfügen und gut zusammendrücken.

6 Jetzt das rechte Seitenteil des Messerblocks ergänzen. Dafür die Bohrlöcher des rechten Seitenteils wie auch die der Vorder-, Zwischen- und Rückwand auf den rechten Stoßkanten mit Holzleim füllen, die Dübel einsetzen und das rechte Seitenteil senkrecht zu den Kanten der drei Holzplatten positionieren, zusammenfügen und gut zusammendrücken. Den Leim trocknen lassen.

7 Die Bohrungen auf der Grundplatte mit Holzleim füllen und die Dübel einsetzen. Die Bohrlöcher auf der Unterseite des jetzt komplett montierten Oberteils des Messerblocks ebenfalls mit Holzleim füllen, das Ganze auf der Grundplatte in Position bringen, zusammenfügen und zusammendrücken. Wieder den Leim gut trocknen lassen.

8 Alle Flächen und Kanten des Messerblocks mit den Schleifmaschinen schleifen und den Schleifstaub entfernen.

9 Das flüssige Naturwachs gemäß den Herstellerangaben auftragen, d. h. mit einem Tuch das Wachs solange auf alle Holzflächen und Kanten auftragen, bis das Holz gesättigt ist. Das Wachs ca. zwei Stunden trocknen lassen und danach die Flächen mit einem nicht abfärbenden, fusselfreien Baumwolltuch polieren.

10 Auf einer geeigneten Unterlage (z. B. Arbeitstisch) ein Anschlagbrett mit einem parallelen Abstand von 200 mm (Länge der Spieße für den hohen Teil des Messerblocks) zur Tischkante befestigen (festschrauben). Jeweils ungefähr 20–30 Schaschlikspieße mit der Spitze senkrecht zum Anschlagbrett legen. Darauf achten, dass sie sich nicht überschneiden und dass sie ganz dicht nebeneinander liegen. Mit einem kleineren Brett, das auf die Spieße gelegt wird, diese so fixieren, dass sie nicht wegrutschen können. Mit der Stichsäge die Spieße genau entlang der Tischkante ablängen. Für die insgesamt 1200 Schaschlikspieße des niedrigen Messerblockteils den Abstand des Anschlagbretts zur Tischkante auf 100 mm verringern und dann wie gerade beschrieben vorgehen.

Wohnraumaccessoires

Ideenpool

Filigraner Bilderrahmen

Tipps & Tricks

◆ Bastlerglas bekommen Sie im Baumarkt. Zugesägt wird es mithilfe der Dekupiersäge. Wichtig ist, dass die Säge dabei unbedingt langsam laufen muss, weil das Bastlerglas sonst zu heiß wird und an den Rändern „verschmilzt".

◆ Es empfiehlt sich, beim Zusammenkleben des Rahmens einen sogenannten Rahmenspanner, den es ebenfalls im Baumarkt oder im Internet zu kaufen gibt, zu verwenden. Der sorgt dafür, dass die Teile bis zum Abbinden des Leims wirklich gut zusammenhalten.

Schwierigkeitsgrad
● ● ○

Modellhöhe
ca. 270 mm

Material
- Kiefernleiste, gehobelt, 10 mm x 80 mm:
  – 1200 mm lang
- Kiefernleiste, halbrund, 10 mm breit:
  – 600 mm lang
- Kiefernleiste, 3 mm x 20 mm:
  – ca. 400 mm lang
- Bastlerglas, 2 mm stark, 118 mm x 118 mm
- Acrylfarbe in Weiß
- Papprest, 118 mm x 118 mm
- Bindedraht, ø 1,4 mm
- evtl. Plakataufhänger, ø 30 mm (zum Aufhängen)
- Bohrer, ø 1,5 mm und 5,5 mm

Vorlage
Seite 127

1 Aus der Kiefernleiste (10 mm x 80 mm) die vier äußeren Bilderrahmenteile auf Gehrung zuschneiden, die Außenlänge der Einzelteile beträgt 270 mm, der Gehrungswinkel 45 Grad.

2 Mithilfe einer Schablone (siehe Seite 16, „Übertragen mit Schablonen") das Muster auf die Einzelteile übertragen und aussägen. Dazu Löcher (mit ø 5,5 mm) in die entsprechenden Flächen bohren, das Sägeblatt durchfädeln und aussägen. Die Kanten schleifen.

3 Aus der halbrunden Leiste vier Einzelteile zuschneiden, Außenlänge 130 mm und Gehrungswinkel ebenfalls 45 Grad. Für die Rückseite aus der schmalen Leiste vier Leistenstücke von 90 mm Länge zuschneiden.

4 Vor dem Zusammenleimen der Einzelteile vier kleine Löcher mit ø 1,5 mm mittig auf der inneren Seitenlänge in die Rahmenteile bohren (zur Aufnahme der Drahtklammern).

5 Dann zum Verleimen der Rahmenteile die Gehrungsflächen mit Holzleim bestreichen, die Einzelteile zusammenschieben und die kurzen Leistenstücke von hinten aufleimen (siehe nebenstehendes Bild). Diese Leistenstücke dienen zur Stabilisierung des Rahmens. Alles trocknen lassen.

6 Nach dem Trocknen von vorne die halbrunden Leisten aufleimen. Diese bilden ebenfalls einen Rahmen, dessen Innenausschnitt allerdings kleiner ist als der des großen Rahmens, und sorgt so dafür, dass das Bastlerglas festgehalten wird.

7 Alles mit Acrylfarbe in Weiß anmalen.

8 Das auf Maß zugeschnittene Bastlerglas von hinten einlegen, dann das Bild. Nun das zugeschnittene Pappstück darüber legen und mit zwei gebogenen Drahtstücken fixieren. Diese werden dazu über den Daumen zu einem rechten Winkel gebogen (siehe ebenfalls nebenstehendes Bild).

9 Zum Aufhängen evtl. einen Plakataufhänger zuschneiden und von hinten an den Rahmen kleben.

Wohnraumaccessoires

Ideenpool

Stiftehalter

Tipps & Tricks

◆ Massivholz bekommen Sie am leichtesten in einer nahe gelegenen Schreinerei. Dort kann man Ihnen das Holz auch ohne Schwierigkeiten auf das gewünschte Maß bringen. Buchenholzreste bekommen Sie mit etwas Glück in einer Schreinerei sogar kostenlos.

◆ Die Zustellungen beim Ausarbeiten der Taschen für die Utensilien sollte nicht mehr als 3 mm betragen (d. h. das Fräsen in die Tiefe geschieht immer schrittweise; man fräst zuerst die ersten 3 mm in die Tiefe, dann die nächsten 3 mm usw., bis die gewünschte Tiefe erreicht ist). So kann die Oberfräse ruhig und mit sehr wenig Kraft eingesetzt werden. Scharfe Fräser sind dabei das A und O.

◆ Statt Beize können auch Farblacke, die für Holz geeignet sind, verwendet werden. Die Länge und Breite dieses Modells ist natürlich beliebig wählbar.

Schwierigkeitsgrad
● ● ●

Modellhöhe
ca. 50 mm

Material
- Massivholz (z. B. Buche), 50 mm stark:
  – 150 mm x 250 mm
- Beize in Nussbaum
- Klarlack oder Holzöl
- Holzbohrer, ø 8–10 mm, 16 mm und Senker (Ausreiber)
- Fräser, ø 6 mm

Montageskizze
Seite 122

1 Das zuvor besorgte Massivholz auf die gewünschten Maße zusägen. Hier für dieses Modell wurde Buche gewählt.

2 Die ausgesuchten Stifte und weiteren Büro-Utensilien darauf auslegen, um die Formen festlegen zu können. Stifte werden am besten mithilfe der Schiebelehre ausgemessen, um dann anschließend die Bohrerdurchmesser unter Berücksichtigung von etwas Spielraum festlegen zu können. Soll hier ein Lineal seinen Platz finden, dieses ebenso in der Stärke und Länge ausmessen.

3 Mithilfe des Winkels und einem Bleistift nun die Formen sowie die Mittelpunkte der Bohrungen aufzeichnen.

4 Zuerst die „Taschen" für die Utensilien mithilfe der Oberfräse „freihändig" ausarbeiten. Der Linealschlitz muss mithilfe eines angebrachten Anschlags gefräst werden, um so die exakte Führung zu gewährleisten (siehe Seite 30, „Anbringen von Anschlägen").

5 Als nächstes die Bohrungen für die Stifte mithilfe der Ständerbohrmaschine oder einer Handbohrmaschine vornehmen. Sind alle Löcher gebohrt, diese zusätzlich noch mit dem Senker ausreiben, um das Einführen der Stifte zu erleichtern.

6 Die Kanten und Flächen abschleifen und nach Wunsch abrunden.

7 Mit Beize die Oberfläche des Holzes dem gewünschten Farbton anpassen. Anschließend die Oberfläche mit Klarlack oder Öl versiegeln (siehe Seite 41, „Mit Beize").

Wohnraumaccessoires

Ideenpool

CD-Regal

Tipps & Tricks

◆ Die Holzauswahl richtet sich hier nach Ihrem persönlichen Geschmack und Ihrer Einrichtung, möglich wären verschiedene Vollhölzer wie Ahorn, Tanne oder Buche, aber auch Holzwerkstoffe. Die hier verwandten Dreischichtplatte sorgt für optisch interessante Kanten.

◆ Wer die Ablagen nicht auf Gehrung zusägen und verleimen möchte, der kann sie auch stumpf miteinander verschrauben.

Schwierigkeitsgrad
● ● ●

Modellhöhe
ca. 1600 mm

Material
- Dreischichtplatte, 19 mm stark:
  – 1600 mm x 250 mm (Rückenplatte)
  – 400 mm x 250 mm (Bodenplatte)
  – 4x 150 mm x 150 mm (Ablage T1)
  – 4x 300 mm x 150 mm (Ablage T2)
- ca. 20 Schrauben, 4 mm x 40 mm
- Holzöl, ca. 1 l
- Stellschmiege
- Bohrer, ø 4,5 mm

Montageskizzen
Seite 120

1 Die Teile wie in der Materialliste aufgeführt mit der Kreissäge zusägen.

2 Die vier Ablagen auf Gehrung sägen und verleimen (siehe Seite 50, „Eckverbindung auf Gehrung"). Dabei den Winkel der Eckverbindung überprüfen. Alles mit 180er-Schleifpapier schleifen.

3 Jetzt die Ablagen nach Belieben auf der Rückenplatte verteilen. Mit der Stellschmiege sicherstellen, dass jede Ablage den gleichen Winkel hat. Die Konturen der Ablagen mit einem dünnen Bleistift auf die Rückenplatte übertragen. Dabei darauf achten, dass die Linien möglichst dünn sein sollten, damit man sie später nicht mehr sieht.

4 Als nächstes Löcher zum Befestigen der Ablagen bohren. Der Bohrer sollte dabei 0,5–1 mm dicker sein als die verwendeten Schrauben. Dasselbe für die Bodenplatte machen.

5 Dann, noch vor dem Zusammensetzen, die Oberflächenbehandlung durchführen. Da die Teile schon geschliffen sind, kann man direkt mit dem Ölen beginnen. Dazu am besten das Öl mit einem Pinsel auf das Holz auftragen und mit einem sauberen Lappen verreiben. Trocknen lassen und noch mal mit 240er-Schleifpapier schleifen. Das sorgt dafür, dass die Holzfasern, die sich durchs erste Ölen aufgestellt haben, wieder gebrochen werden. Der Ölvorgang muss jetzt noch einmal wiederholt werden (siehe Seite 42, „Mit Holzöl").

6 Wenn alles getrocknet ist, kann mit der Montage begonnen werden. Dazu die Ablagen jeweils in die zuvor gekennzeichnete Position bringen, mit einer Zwinge fixieren und von hinten verschrauben. Zum Schluss die Bodenplatte anschrauben – fertig.

Wohnraumaccessoires

Ideenpool

Bambustablett

Tipps & Tricks

◆ Stempel können Sie in einer großen Auswahl z. B. im Bastelfachhandel kaufen oder auch selbst machen. Besonders gut lassen sich Stempel aus günstigen Radiergummis und einem Skalpell herstellen, mit dem Sie das Muster einschneiden. Entwerfen Sie dazu das Muster auf Papier und übertragen Sie es mit einem Filzstift auf den Radiergummi. Ferner finden Sie auch im Internet Hersteller, die Ihnen Stempel nach eigenen Entwürfen anfertigen.

◆ Der Bohrerdurchmesser muss kleiner sein als der der Schrauben, weil er nur zum Vorbohren verwendet wird. Das Vorbohren ist hier extrem wichtig, weil der Bambus sonst splittert.

Schwierigkeitsgrad
● ○ ○

Modellgröße
ca. 500 mm x 350 mm

Material
◆ Pappelsperrholz, 15 mm stark:
 – 500 mm x 350 mm (Grundplatte)
◆ Bambusstäbe, ø ca. 20 mm:
 – 2x 500 mm lang
 – 2x 350 mm lang
 – 4x 40 mm lang (Abstandshalter für die Griffe)
◆ Holzbeize in Nussbaum
◆ Klarlack
◆ 4 Schrauben, 3 mm x 30–35 mm (je nachdem, wie dick der Bambus ist)
◆ 4 Schrauben, 4 mm x 70 mm
◆ Blattmetall
◆ Anlegemilch
◆ Acrylfarbe in Weiß, Türkis, Pink, Rot und Lila
◆ Stempel
◆ Bohrer, ø 2 mm (abhängig von den verwendeten Schrauben)

Montageskizze
Seite 115

1 Die Grundplatte aus Pappelsperrholz zusägen, beizen, trocknen lassen und anschließend glatt schleifen.

2 Dann die Bambusstäbe ablängen, und zwar zweimal 500 mm lang, zweimal 350 mm lang und viermal 40 mm lang (als Abstandhalter für die Griffe). Das geht am besten mit einer Fein- oder Japansäge.

3 Bei den Längsseiten, ca. 50 mm eingerückt von den jeweiligen Rändern, die Löcher für die Schrauben in den Bambusstäben vorbohren. Bei den kürzeren Querseiten die Löcher ca. 100 mm vom Rand eingerückt vorbohren. Das Vorbohren ist hier sehr wichtig, weil der Bambus sonst beim Schrauben splittert.

4 Jetzt den Bambusrand wie abgebildet festschrauben. An den Längsseiten werden die Stäbe dabei direkt auf dem Grundbrett fixiert, an den kurzen Seiten werden für die Griffe Abstandshalter dazwischen gesetzt. Dabei in die (hohlen) Abstandshalter zusätzlich etwas Holzleim geben.

5 Wer will, verziert die Grundplatte jetzt noch mit Blattmetall und aufgestempelten Motiven. Hier wurden zuerst – nicht ganz akkurat angeordnete – Blattmetallquadrate aufgebracht. Dazu die Anlegemilch nach Herstellerangaben auftragen, trocknen lassen und das Blattmetall dann vorsichtig aufdrücken. Anschließend die Motive aufstempeln. Damit diese, wie hier, zweifarbig werden, müssen die gestempelten Blüten im Anschluss mit einem feinen Pinsel ausgemalt werden.

6 Zum Schluss die Grundplatte mit Klarlack gegen die Spuren des Alltagsgebrauchs schützen.

Wohnraumaccessoires

Kleinmöbel

Regalwagen

1 Die Leimholzplatten wie in der Materialliste aufgeführt zuschneiden, sortieren und auf der später nicht mehr sichtbaren Seite kennzeichnen. Auf die Innenseite der Frontplatte wie aus der Skizze (siehe „Ausschnittsvermaßung Frontplatte Innenseite", Seite 117) ersichtlich die Ausschnitte aufzeichnen.

2 In eine Ecke jedes Ausschnitts mit dem Bohrer ein Loch bohren (ø 8 mm), die Stichsäge einsetzen und die Ausschnitte genau aussägen. Die Ausschnittskanten an der Vorderseite mit dem Dreiecksschleifer oder einem Schleifklotz glätten.

3 Die Vierkanthölzer gemäß der Zuschnittsliste zusägen und im Lochabstand von ca. 80 mm bis 100 mm vorbohren (siehe „Bohrskizze", Seite 117), Bohrer ø 3 mm.

4 Die Frontplatte mit der Vorderseite nach unten auf den Boden legen. Alle Vierkanthölzer wie aus der Auflattungsskizze ersichtlich auf der Innenseite der Frontplatte festschrauben. Dabei lassen sich die genauen Abstände vom Vierkantholz zu allen Kanten der Frontplatte leicht ermitteln, indem man ein Stück Abfallholz (18 mm stark) jeweils bündig zur Kante anlegt und dahinter bzw. darunter das jeweilige Vierkantholz festschraubt. Alle Maße und Positionen der Vierkanthölzer gelten auch für die Rückwand.

5 Auf der Bodenplatte in einem Abstand von 50 mm zu jeder Ecke die Lenkrollen festschrauben.

6 Die Bodenplatte, die gleichzeitig auch den untersten Regalboden darstellt, rechtwinklig senkrecht und bündig auf die Rückseite der Frontplatte im Bereich der untersten Ausschnittskante und parallel zum dort montierten Vierkantholz stellen. Der Abstand zur linken und rechten Außenkante der Frontplatte muss 18 mm betragen. Die Bodenplatte von unten durch das Vierkantholz an der Frontplatte (siehe Skizze „Seitenansicht rechts", Seite 117) festschrauben.

Schwierigkeitsgrad
● ● ●

Modellhöhe
ca. 850 mm

Material
- Fichte-Leimholz, 28 mm stark:
  – 2000 mm x 800 mm (Frontplatte)
- Fichte-Leimholz, 18 mm stark:
  – 2000 mm x 800 mm (Rückseite)
  – 2x 1964 mm x 554 mm (Deck- und Bodenplatte)
  – 2x 264 mm x 554 mm (Regalböden linke Seite)
  – 2x 732 mm x 554 mm (innere Seitenteile)
  – 564 mm x 554 mm (Regalboden rechts)
  – 2x 1100 mm x 554 mm (Regalböden Mitte)
  – 2x 50 mm x 554 mm (Blenden links waagerecht 1 und 4)
  – 2x 50 mm x 500 mm (Blenden links waagerecht 2 und 3)
  – 32 mm x 700 mm (Blende links senkrecht 1)
  – 22 mm x 700 mm (Blende links senkrecht 2)
  – 800 mm x 554 mm (rechtes Seitenteil)
- Vierkanthölzer, 22 mm x 22 mm:
  – 4x 1964 mm lang (für Boden- und Deckplatte)
  – 2x 564 mm lang (für Regalboden rechts)
  – 4x 264 mm lang (für Regalböden links)
  – 4x 1100 mm lang (für Regalböden Mitte)
  – 4x 510 mm lang (für Verblendung der Regalböden links)
- 4 Laufrollen, lenkbar, Höhe ca. 50 mm, ø 30 mm
- Kreuzschlitzschrauben, 3,5 mm x 30 mm (Verschraubung der Vierkanthölzer/Leimholzplatten)
- Kreuzschlitzschrauben, 3 mm x 40 mm (Verschraubung Leimholzplatte/Leimholzplatte)
- Kreuzschlitzschrauben, 3,5 mm x 16 mm (Befestigung der Lenkrollen)
- dünne Nägel
- Holzkitt, Farbe Fichte
- Wohnraumlasur, Kiefer, 500 ml
- Klarlack, seidenmatt, 500 ml
- Bohrer, ø 3 mm, 8 mm und Senker (Ausreiber)

Montageskizzen
Seite 117

Tipps & Tricks

◆ Sägen Sie immer auf der Rückseite einer Platte. Nur so bekommt man durch den Pendelhub der Stichsäge auf der Vorderseite einen glatten, sauberen Schnitt, ohne dass das Holz ausreißt.

◆ Versenken Sie in jedem Arbeitsschritt die Schraubenköpfe möglichst tief im Holz, damit Sie die sichtbaren Schraubenköpfe mit Holzkitt später unsichtbar machen können.

◆ Machen Sie auf jeden Fall im Vorfeld auf einem Abfallstück eine Streichprobe! Kalkulieren Sie ein, dass das Holz durch Lichteinwirkung rasch dunkler wird. Falls der Farbton nach dem Auftragen der Lasur zu dunkel erscheint, können Sie die Lasur mit bis zu 50 % mit Wasser verdünnen.

Ideenpool

Fortsetzung „Regalwagen"

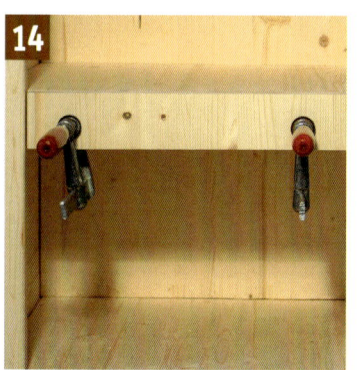

7 An den beiden inneren Seitenteilen jeweils oben links und rechts eine Aussparung (22 mm x 22 mm) aussägen (siehe Skizze „Innere Seitenteile oben", Seite 117).

8 Jetzt die inneren Seitenteile montieren. Diese jeweils bündig und zu den linken und rechten Kanten der mittleren Ausschnitte (1100 mm) und rechtwinklig zur Front- und Bodenplatte einpassen. Durch die senkrecht stehende Bodenplatte festschrauben.

9 Die mit den Vierkanthölzern versehene Rückplatte auf die noch immer senkrecht stehende Bodenplatte und die inneren Seitenteile legen. Genau ausrichten und durch die Rückseite auf den inneren Seitenteilen und durch das lange Vierkantholz auf der Bodenplatte von unten festschrauben. Den Regalwagen aufrichten und auf die Lenkrollen stellen.

10 Den Regalboden (564 mm x 554 mm) für die rechte Seite bündig zur Ausschnittskante in der Frontplatte (siehe Skizze „Seitenansicht rechts", Seite 117) einpassen und durch die Rückseite sowie von unten durch die Vierkanthölzer festschrauben.

11 Die Deckplatte einpassen und durch die Rückseite und von unten an den Vierkanthölzern festschrauben. Jetzt die Regalböden Mitte 1 und Mitte 2 jeweils bündig zur entsprechenden Ausschnittsoberkante einpassen und von unten an den Vierkanthölzern festschrauben. Das Seitenteil für die rechte Seite einsetzen und an den Mittellinien der Stoßkanten von Deckplatte, Regalboden rechts, Bodenplatte (jeweils vorgebohrt) sowie durch die Rückseite festschrauben.

12 Jetzt wird die linke Regalseite fertig gestellt: Dafür zuerst die Regalböden links 1 und links 2 einsetzen und von unten an den Vierkanthölzern festschrauben. Dann vier Vierkanthölzer (510 mm lang) jeweils mittig und bündig zu den Außenkanten von Deckplatte, den Regalböden links 1 und 2 sowie zur Bodenplatte von unten festschrauben. Die Blende links 1 waagerecht zwischen Front- und Rückplatte und bündig zur Oberkante der Deckplatte einsetzen und von hinten am jeweiligen Vierkantholz festschrauben. Die Blende links 1 senkrecht (32 mm x 700 mm) in die Ecke Unterkante Blende links 1 waagerecht und Rückplatte einsetzen und durch die Rückplatte festschrauben.

13 Die Blende links 2 senkrecht (22 mm x 700 mm) auf einer der langen Kanten mit Holzleim bestreichen, in die Ecke Unterkante Blende links 1 waagerecht und Frontplatte einpassen, mit Schraubzwingen fixieren und den Leim trocknen lassen.

14 Die Blenden links 2 und 3 waagerecht jeweils zwischen die beiden senkrechten Blenden bündig zu den Regalböden links 1 und 2 einpassen und von hinten an den jeweiligen Vierkanthölzern festschrauben.

15 Die Blende links 4 waagerecht zwischen Front- und Rückplatte und auf Stoß mit den senkrechten Blenden einsetzen und am Vierkantholz unter der Bodenplatte mit dünnen Nägeln von vorne befestigen.

16 Alle Stoßkanten und sichtbaren Senkschraubenköpfe mit Holzkitt sauber zuspachteln und den Kitt gut trocknen lassen. Mit 60er-Schleifpapier von Hand oder mit dem Schwingschleifer alle Flächen des Regalwagens abschleifen. Den Schleifstaub absaugen und ein zweites Mal mit 240er-Schleifpapier bearbeiten. Den Staub erneut absaugen und alle Flächen mit der Lasur gleichmäßig streichen.

17 Klarlack mit der Lackierrolle auf alle Flächen des Regalwagens gleichmäßig aufrollen. Gut trocknen lassen, mit 240er-Schleifpapier ein wenig anschleifen, den Staub mit einem feuchten Tuch entfernen, wieder trocknen lassen und eine zweite Lackschicht auftragen.

Kleinmöbel

Regal in Bootsform

1 Neun Profilbretter auf eine Länge von 1400 mm zuschneiden und oben und unten bündig zusammenstecken. Die Bretter umdrehen und die Positionen für die Dachlatten anzeichnen (siehe Skizze Seite 120). Dann die Latten auf eine Länge von 800 mm zuschneiden und auf den Profilbrettern festschrauben. Pro Dachlatte werden neun Kreuzschlitzschrauben (3,5 x 40) benötigt, damit jedes Profilbrett fixiert ist.

2 Die Profilbretter des Bootskörpers und die zugeschnittenen Regalbretter in Blau grundieren. Trocknen lassen. Alle grundierten Bretter mit Krakelierlack einstreichen und wieder trocknen lassen. Alles in Weiß streichen und abermals trocknen lassen.

3 Die jetzt farbig gestalteten Profilbretter mit den aufgeschraubten Dachlatten umdrehen. Die Schablone für den Schiffsbug (halber Bug) von den Vorlagen auf Papier oder Pappe übertragen, auf den Profilbrettern links oben positionieren und die Form nachzeichnen. Die Schablone wenden, rechts oben positionieren und wieder die Form nachzeichnen. Mit der Stichsäge den Bug zusägen.

4 Die Positionen der Rundholzstäbe anzeichnen. Dabei beachten, dass die Stäbe genau über den rückseitigen Dachlatten befestigt werden müssen (siehe Skizze Seite 120). Mit dem Forstnerbohrer die Löcher für die Relings-Rundholzstäbe jeweils ca. 20 mm tief einbohren. In jeden Rundholzstab für die Reling mit einem 6 mm-Holzbohrer im Abstand von 20 mm und 120 mm von oben zwei Löcher für die Schnur bohren.

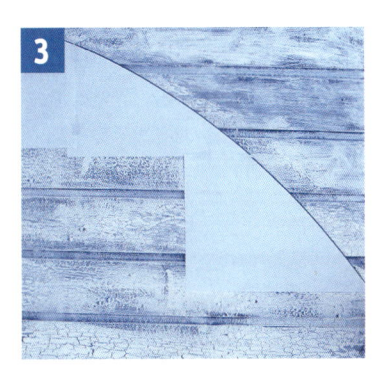

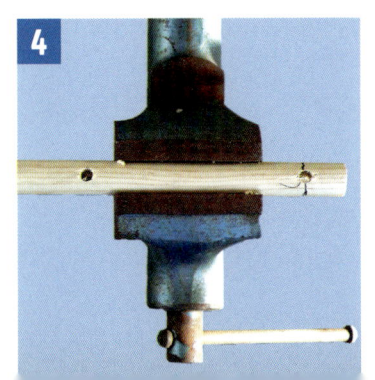

Schwierigkeitsgrad
● ● ●

Modellhöhe
ca. 1400 mm

Material
- Dachlatten, 25 mm x 48 mm:
  – 8 lfd. m
- Nut- und Feder-Profilbretter, 10 mm stark:
  – 9x 1400 mm x 95 mm (Bootskörper)
  – 6x 730 mm x 95 mm (Regalbretter)
  – 2x 535 mm x 95 mm (Regalbretter)
- Rundholzstab, ø 15 mm:
  – 10x 240 mm lang
  – 400 mm lang
- Sisalschnur, ø 5 mm, 800 mm lang
- doppelseitiges Klebeband, 9 mm breit, 500 mm lang
- Jeansstoff, 150 mm x 100 mm
- 2 Faltwinkel-Profilleisten, 38 mm x 38 mm, 2500 mm lang
- Paneelstifte, 1,75 x 32
- Krakelierlack
- Dispersionsfarbe in Blau und Weiß
- 2 kleine Flacheisen, 10 mm x 80 mm
- 45 Kreuzschlitzschrauben, 3,5 x 40
- 20 Kreuzschlitzschrauben, 3,5 x 30
- Forstnerbohrer, ø 15 mm
- Holzbohrer, ø 3 mm, 6 mm und 7 mm
- Tacker

Vorlagen & Montageskizzen
Seite 120 + 127

Tipps & Tricks

◆ Krakelierlack sorgt für eine antik wirkende Oberfläche. Tragen Sie den Krakelierlack immer nur in eine Richtung gleichmäßig und nicht zu dick auf und lassen Sie ihn gut trocknen.

Fortsetzung „Regal in Bootsform"

5 Holzleim in Bohrungen für die Relings-Rundholzstäbe geben und die Stäbe 20 mm tief einsetzen. Dabei auf einen genau senkrechten Sitz sowie die korrekte Ausrichtung der Löcher für die spätere Sisalschnur-Führung (siehe Schritt 9) achten.

6 Pro Regalbrett zwei Nut- und Federbretter zusammenstecken. Dann die Regalbretter zwischen die Relingsstäbe setzen. Mit einem 3 mm-Holzbohrer die Stäbe in Richtung der Regale im Abstand von 70 mm und 160 mm von oben vorbohren und die Regalborde links und rechts mit je zwei Schrauben (3,5 x 30) festschrauben.

7 An der Bugspitze den wie die Relings-Rundholzstäbe vorgebohrten, 400 mm langen Rundholzstab einsetzen.

8 Die Faltwinkel-Profilleiste in der Mitte durchtrennen. Mit einem Bandmaß die Länge der rechten und linken Verkleidung ermitteln, ebenso die der Unterkante. Die so entstandenen Streifen (38 mm hoch) mit blauer Dispersionsfarbe einfärben und trocknen lassen. Dann die Streifen bündig mit der Oberkante mit Paneelstiften an den Seitenkanten befestigen. Die Stiftköpfe mit blauer Dispersionsfarbe abdecken.

9 Unter dem untersten Regalbrett jeweils links und rechts im Abstand von 20 mm von den Seitenkanten sowie von unten entfernt ein Loch mit ø 7 mm bohren. Dann am linken unteren Relingsstab die Schnur durch die untere Bohrung einführen, durch alle Stäbe bis zum Flaggenmast führen und von dort wieder zurück. Die Schnurenden durch die 7 mm-Bohrung führen und an der unteren Dachlatte festtackern. Die Schnur für die rechte Seite ebenso anbringen.

10 Den Flaggenmast zusätzlich im Abstand von 30 mm und 150 mm von oben mit dem 6 mm-Holzbohrer durchbohren. Die Schnurenden der Jeansflagge durchstecken und die Enden verknoten.

11 Das Bootskörperregal an der zweiten Dachlatte von oben aufhängen. Dazu links und rechts von unten zwei kleine, halbkreisförmige Vertiefungen ausbohren. Über den Vertiefungen jeweils ein kleines Flacheisen aufschrauben. In diese Vertiefungen „schlüpfen" dann die nach oben zeigenden Hakenenden der vorher mit Dübeln an der Wand befestigten Schraubhaken.

Kleinmöbel

Ideenpool

Hängeregal

1 Zuerst die Holzplatten für den Regalkorpus grob (mit Zugabe in der Länge und Breite) auf die gewünschten Maße zusägen. Dann jeweils die Kanten ansägen, die nachher die Tiefe des Regals bestimmen (also die Außenkanten), und mit exakt eingestellter Breite am Parallelanschlag der Kreissäge durchschieben.

2 Das Sägeblatt auf 45,5° einstellen. Nun jeweils an einer Kante (die noch nicht bearbeitet wurde) einen der beiden Gehrungsschnitte anbringen. Das Brett um 180° drehen und den zweiten Gehrungsschnitt ausführen. Jetzt sind alle vier Teile für den Korpus zugeschnitten.

3 Davon alle Kanten – außer den Gehrungen – mit Schleifpapier und einem Schleifklotz gut schleifen. Die Gehrungsinnenkante leicht brechen.

4 Den Boden nehmen, der später oben sein soll, und die vier Löcher, die zur Befestigung an der Decke dienen sollen, einbohren. Diese von der Innenseite her mit dem Ausreiber senken.

5 Anschließend wird der Boden mit der Außenseite und den gebohrten Löchern auf eine (wenn vorhanden) Ständerbohrmaschine gespannt und mithilfe von Schraubzwingen fixiert, sodass mit dem 30 mm-Forstnerbohrer die Fixierung für die V2A-Röhrchen gebohrt werden kann. Die Mitte dieser Bohrung ergibt sich durch die vier schon vorgebohrten Löcher für die Deckenbefestigung. Die Tiefe der Bohrung sollte maximal 10 mm betragen.

6 Im nächsten Schritt wird eine Bohrschablone für die Lochreihe angefertigt. Dazu benötigt man ein ca. 500 mm langes und 100 mm breites Holzstück mit einer Mindeststärke von 15 mm. Der Abstand von unten sollte ca. 50 mm betragen, von vorne mindestens 20 mm. Mithilfe des Winkels im Abstand von 32 mm jeweils einen Strich ziehen und 5 mm große Löcher einbohren. Diese fertige Schablone bündig zu der vorderen Kante und der Gehrungsinnenkante auflegen, mit Zwingen befestigen und mit deren Hilfe die Löcher der Lochreihe bohren. Ist das Ende der Schablone erreicht, diese der Länge nach versetzen. Die Tiefe der Löcher in der Seite richtet sich nach den Fachträgern.

Schwierigkeitsgrad

● ● ●

Modellhöhe

ca. 1500 mm (ohne Röhren-Befestigung)

Material

- beschichtete Multiplexplatte in Braun, 18 mm stark:
    - 2x 1500 mm x 280 mm (Seitenwände des Korpus)
    - 2x 280 mm x 280 mm (Deckplatte und Boden des Korpus)
    - 4x 280 mm x 243 mm (Fachböden)
- Holzrest, mind. 15 mm stark:
    - mind. 500 mm x 100 mm groß (für die Lochreihenschablone)
- Holzöl
- Verdünnung
- Schrauben, 5 mm x 100 mm
- 4 V2A-(Edelstahl-)Röhrchen, 60 mm lang, ø außen 30 mm
- 20 Fachträger
- Klebeband
- Bohrer, ø 5 mm und Senker (Ausreiber)
- Spitzbohrer
- Forstnerbohrer, ø 30 mm

Montageskizzen
Seite 118

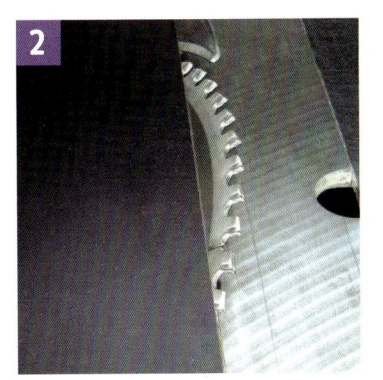

Tipps & Tricks

- Die Metallröhrchen erhalten Sie z. B. bei einem Schlosser oder Flaschner. Diese sind dort Abfallstücke.

- Sollten Sie für die Röhren-Löcher (siehe Schritt 5) keine Ständerbohrmaschine zur Verfügung haben, dann stellen Sie bitte eine Bohrschablone her, um die korrekte Führung des Forstnerbohrers zu gewährleisten. Dazu zuerst mit dem Forstnerbohrer ein Loch mit ø 30 mm in Restholz bohren und dieses dann als Führung auf den Boden spannen.

- Beim Arbeiten mit der Bohrlochschablone stecken Sie am besten einen 5 mm-Bohrer in das letzte Loch der Reihe, um den Abstand des 32 mm-Rasters einzuhalten. Legen Sie die Schablone immer unten an der Kante an und wenden Sie sie einfach für die hintere Reihe. Niemals die Seite verwechseln, da sonst beim Zusammenleimen die Lochreihen nicht übereinstimmen.

- Öl, das aus Versehen auf die Flächen gelangt, sollten Sie sofort mit einem Lappen und Verdünnung aufnehmen, um Rückstände zu vermeiden.

Fortsetzung „Hängeregal"

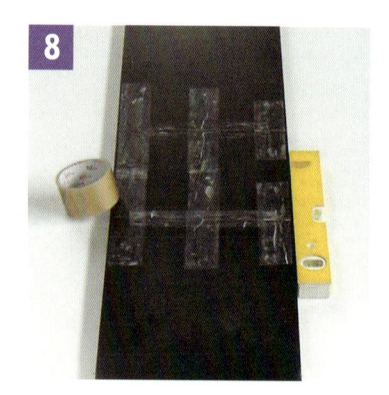

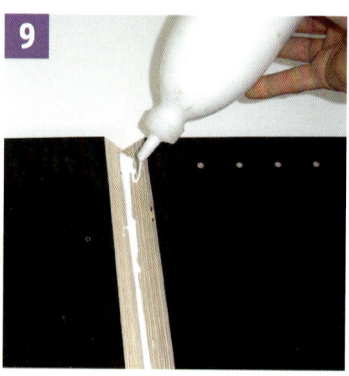

7 Jetzt die Innenkanten (nicht die Gehrungen) nach Wunsch brechen oder runden.

8 Anschließend alle Teile in folgender Reihenfolge auf einer sauberen, geraden Unterlage der Länge nach auslegen. Dabei beachten, dass die Teile mit der spitzen Seite nach oben liegen müssen: ein Seitenteil, der Boden, das andere Seitenteil (dabei beachten, dass die untere Lochung zum Boden hin zeigend mit der Lochung des ersten Seitenteils übereinstimmen muss) und die Deckplatte. Mithilfe der Wasserwaage als Anschlag und dem Klebeband die Teile an den Spitzen bündig verkleben.

9 Anschließend das Ganze vorsichtig auf die andere Seite drehen und ablegen. Wie abgebildet Leim auf die Gehrungsflächen geben. Den Korpus wie bei einem Faltsystem zusammenklappen und mit Klebeband bündig fixieren. Mit der Rückseite vorsichtig auf den geraden Untergrund legen. Eine Winkelkontrolle durchführen und gegebenenfalls korrigieren.

10 Während der Trocknungszeit von ca. einer Stunde die Fachböden ausmessen und zuschneiden. Deren Kanten ebenfalls schleifen, brechen und anschließend mittels eines Lappens mit Öl einlassen.

11 Die Klebebänder und den Leimüberschuss vom Regalkorpus entfernen, die Kanten an den Verleimungen eben schleifen und alle Außenkanten, inklusive der der Gehrungen, brechen. Die Kanten des Regals wie die der Fächer mit Öl einlassen. Nach kurzer Zeit alle geölten Kanten kurz mit 220er-Schleifpapier zwischenschleifen und erneut mit Öl einlassen.

12 Sobald die Kanten nach dem Ölen trocken sind, das Regal an der Decke anbringen und mit den Fachböden bestücken.

Kleinmöbel

Beistelltisch

Schwierigkeitsgrad
● ○ ○

Modellhöhe
ca. 915 mm

Material
- Dreischichtplatte, 22 mm stark:
  - 845 mm x 650 mm (Rückwand)
  - 2x 65 mm x 420 mm (Deck- und Bodenplatte)
  - 845 mm x 398 mm (Seitenwand)
  - 628 mm x 398 mm (Zwischenboden)
- Acryl-Universalmalfarbe auf Wasserbasis in Weiß, ca. 80 ml (bei unverdünntem, einmaligen Auftrag)
- 4 Plastikfußteile mit Bohrung in der Mitte, ø 55 mm, 18 mm hoch
- 4 Kreuzschlitzschrauben, 6 mm x 30 mm (für die Fußbefestigung)
- 6 Kreuzschlitzschrauben, 7 mm x 40 mm
- 27 Holzdübel, 5 mm x 30 mm
- dünne Schnur, ca. 450 mm lang
- kleinen Nagel (für den selbst gebauten Zirkel)
- Bohrer, ø 3 mm und 5 mm

Montageskizzen
Seite 121-122

Tipps & Tricks

- Die Rundung lässt sich am besten mit der Stichsäge mit einem schmalen Sägeblatt sägen.

- Falls ein deckender Auftrag gewünscht wird, die Farbe zweimal mit Zwischentrocknung und Zwischenschliff auftragen.

1 Auf der Deckplatte wie aus der Skizze ersichtlich den Kreismittelpunkt für die Rundung einzeichnen und einen kleinen Nagel einschlagen. Ein Ende der Schnur um den Nagel knoten. Mit dem anderen Ende der Schnur den Bleistift so befestigen, dass der Abstand vom Nagel zur Bleistiftspitze einen Radius von genau 380 mm ergibt. Den Bleistift im Abstand von 40 mm zur langen Kante auf der kurzen Brettseite ansetzen und die Kreislinie bis zur gegenüberliegenden langen Kante ziehen. Mit der Stichsäge die Rundung aussägen. Die fertige Deckplatte als Schablone für die Boden- und Mittelplatte nützen und diese ebenso zusägen.

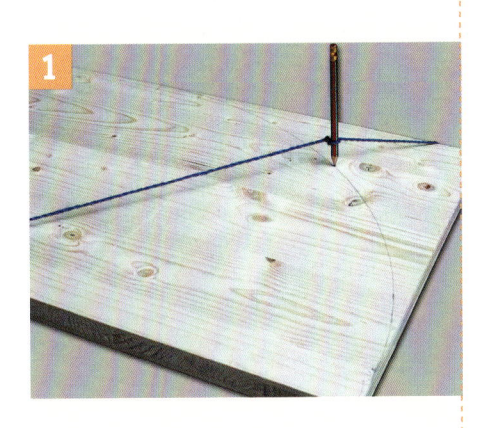

Fortsetzung „Beistelltisch"

2 Mit dem Schwingschleifer alle Holzflächen schleifen. Mit dem Dreiecksschleifer alle Brettkanten und speziell die Rundungen gut schleifen und alle Kanten fasen (leicht abrunden).

3 Gemäß der Skizzen mit einer Ständerbohrmaschine (5 mm-Holzbohrer) die Löcher für die Holzdübel bohren. Die Bohrlöcher in den Kanten der Holzplatten sind immer 22 mm tief, die Löcher in den Flächen 10 mm. Mit Kreppklebeband einmal im Abstand von 10 mm zur Spitze und einmal im Abstand von 22 mm zur Spitze den Holzbohrer umkleben, damit die Bohrlöcher in den Holzflächen und -kanten immer die gleiche Tiefe haben (siehe Seite 49, „Sacklöcher bohren").

4 Zunächst die Rückwand für den später einzusetzenden Zwischenboden gemäß der Skizze genau in der waagerechten Mitte mit dem 3 mm-Holzbohrer durchbohren.

5 Jetzt wird die Seitenwand auf die rechte Seite der liegenden Rückwand montiert. Dafür Holzleim in die entsprechenden Bohrlöcher von Rück- und Seitenwand füllen und die Dübel in die Rückwand einsetzen. Die Seitenwand (845 mm x 398 mm) im rechten Winkel bündig positionieren und montieren.

6 Auf die liegende Bodenplatte gemäß der Zeichnung in die mit Holzleim gefüllten Bohrungen die Dübel einsetzen. Das Rück- und Seitenwandteil bündig zu den Kanten der Bodenplatte positioniert passgenau andrücken.

7 Die Bohrungen auf den Oberkanten von Seiten- und Rückwand mit Holzleim füllen, die Dübel einsetzen, die Deckplatte positionieren und andrücken. Die Leimverbindungen gut trocknen lassen.

8 Die Bohrungen auf der Seitenwandmitte mit Leim füllen und Dübel einsetzen. Den Zwischenboden einpassen und auf die Seitenwand drücken.

9 Den Zwischenboden von der Rückseite der Rückwand her mit den Kreuzschlitzschrauben (7 mm x 40 mm) festschrauben.

10 Für den lasierenden Farbauftrag die Farbe nach Bedarf mit Wasser verdünnen und sie mit dem Malschwamm (siehe Seite 38, „Malschwamm") immer in Richtung der Holzmaserung auftragen. Dabei die Stoßkanten im Inneren des Regals zunächst mit einem Borstenpinsel (am besten Stärke 12) arbeiten und anschließend auf den angrenzenden Flächen sofort mit dem Malschwamm weitere Farbe auftragen, sodass keine Trockenränder entstehen.

11 Zum Schluss die vier Plastikfußteile an den in der Zeichnung markierten Stellen von unten auf die Bodenplatte schrauben.

Kleinmöbel

Ideenpool

Rustikales Regal

Tipps & Tricks

◆ Gute, schön strukturierte Bretter mit Holzschwarte bekommen Sie im Baumarkt oder, besser noch, direkt aus einem Sägewerk. Es sind eigentlich Abfallbretter, die oft im Freien lagern, deshalb können sie feucht sein. Lassen Sie sie vor der Verarbeitung unbedingt trocknen.

◆ Plexiglasplatten sind im Baumarkt erhältlich, Sie können sie dort in der Holzzuschnittsabteilung in der benötigten Breite zusägen lassen.

◆ Die Plexiglas-U-Profile tragen dazu bei, dass sich die Plexiglas-Regalböden nicht durchbiegen. Plexiglas ist nämlich nicht so stabil wie z. B. Glas.

◆ Falls Sie beispielsweise für Bücher stabilere Regalbretter benötigen, ersetzen Sie das eine oder andere Plexiglasbrett durch ein in der Größe passend zugesägtes Leimholzbrett.

Schwierigkeitsgrad
● ● ●

Modellhöhe
ca. 2440 mm

Material
- Fichte-Leimholz, 18 mm stark:
  – 2x 2400 mm x 200 mm
  – 2x 1000 mm x 200 mm
  – 4x 1036 mm x 200 mm
- Dreiecksleiste, 18 mm x 18 mm:
  – 14x 160 mm lang (Regalbodenauflagen)
  – 2x 1000 m lang (für die Tellerborde)
- Holzbretter mit Schwarte, 30 mm bis 40 mm stark:
  – 3x 250–300 mm x 2400 mm
  – 4x 150–200 mm x 1000 mm
- Plexiglas, 4 mm stark:
  – 7x 160 mm x 1000 mm
- Plexiglas-U-Profil für die Plexiglaskanten, 7x 1000 mm x 15 mm
- ca. 70 Kreuzschlitzschrauben, 7 mm x 40 mm (Befestigung der Schwarten)
- ca. 24 Kreuzschlitzschrauben, 7 mm x 40 mm (Befestigung des Leimholzrahmens)
- ca. 28 Kreuzschlitzschrauben, 7 mm x 16 mm (Befestigung der Regalbodenauflagen)
- ca. 28 Kreuzschlitzschrauben, 4 mm x 16 mm (Befestigung der Plexiglasböden)
- Kreuzschlitzschraube, 14 mm x 100 mm, mit Dübel (für die Befestigung des Regals an der Wand)
- farblich passender Holzkitt
- Holzbohrer, ø 3 mm
- Steinbohrer, ø 10 mm

Montageskizzen
Seite 116+119

1 Der Regalrahmen und die Regalrückseite werden auf dem Boden liegend montiert.

2 Für das große Regal die zwei 2400 mm und 1036 mm langen Leimholzbretter zu einem rechteckigen Kasten zusammenfügen. Dafür die beiden kurzen Leimholzbretter jeweils links und rechts mit einem 3 mm-Holzbohrer je dreimal vorbohren und die entsprechenden Stoßkanten der 2400 mm langen Seitenbretter mit Holzleim einstreichen. Das Deck- und das Bodenbrett mit je drei Kreuzschlitzschrauben auf den senkrechten Stoßkanten der linken und rechten Regalseiten festschrauben.

3 In den entstandenen Leimholzrahmen die drei langen Holzbretter mit Schwarte so einpassen, dass sie zueinander und auch zu den Regalseiten den selben Abstand haben. Im Randbereich stellenweise überlappende und deshalb störende Schwartenränder einfach mit einer Zange abbrechen oder absägen. Die Schwartenbretter durch das Deck- und Bodenbrett jeweils mit mindestens vier Kreuzschlitzschrauben (7 mm x 40 mm) im Leimholzrahmen festschrauben.

4 Die Regalbodenträger-Dreiecksleisten an den beiden Regalseiten im Abstand von 10 mm zur Regalvorderkante mit je zwei Kreuzschlitzschrauben befestigen (7 mm x 16 mm).

5 Alle Plexiglasregalböden am linken und rechten Rand mit dem 3 mm-Holzbohrer zweimal so vorbohren, dass diese nach dem Aufstecken der Plexiglaskanten jeweils auf die Dreieckleisten aufgelegt und mit kleineren Kreuzschlitzschrauben (4 mm x 16 mm) darauf festgeschraubt werden können.

6 Beim Bau des kleinen Regals ebenso vorgehen, statt drei werden aber vier schmalere Bretter mit Schwarte eingepasst und die Abstände der Plexiglasregalböden zueinander sind gleichmäßig.

7 Die beiden aufgerichteten Regale (das geht nur zu zweit!) mit drei Kreuzschlitzschrauben (7 mm x 40 mm) miteinander verbinden: Ein Schraube mittig unter dem Deckbrett des kleinen Regals und zwei Schrauben direkt unter den Dreiecksleisten der Plexiglasregalböden setzen.

8 Zur Sicherung beider Regale das mittlere Schwartenholzbrett des großen Regals und die Wand dahinter im obersten Regalbodenbereich mit einem 10 mm-Steinbohrer vorbohren, den der größten Kreuzschlitzschraube (14 mm x 100 mm) entsprechenden Dübel einführen und das Regal an der Wand festschrauben.

9 Die sichtbaren Verschraubungen mit Holzkitt zuspachteln.

10 Falls einzelne Regalfächer als Tellerbord dienen sollen, Dreiecksleisten in Regalbrettbreite zusägen, im gewünschten Regalfach einklemmen und mit kleinen Kreuzschlitzschrauben gegen das Herausfallen sichern.

Kleinmöbel

Dekoratives für draußen

Dekoratives für draußen

Schaukelbett

1 Zuerst die Form der beiden Seitenteile auf die Tischlerplatten übertragen, aussägen und schleifen. Mit dem Forstnerbohrer die Rundlöcher für die Rückenlehnenstangen einbohren.

2 Die Seitenteile vorne und hinten mittels Lochplattenwinkeln mit den beiden Längsbrettern verschrauben. Die Winkel müssen dabei 60 mm von der Unterkante nach oben gerückt werden. Darunter wird der 60 mm hohe Rahmen für den Lattenrost angebracht.

3 Jetzt geht's an die Matratzenauflage: Für diese zuerst die beiden 2000 mm langen Kanthölzer bündig zur Unterkante des Außengestells mit dem Gestell verschrauben. Danach die vier Verstrebungen mit Lochplattenwinkeln anbringen. Diese zusätzlich links und rechts mit dem Außengestell verschrauben.

4 Jetzt die Latten für den Lattenrost auf den Innenrahmen schrauben. Hierfür die Schraubenlöcher vorbohren, da das Holz sonst splittern kann.

5 Die Rundholzstäbe für die Rückenlehne einschieben und festleimen. Danach das ganze Gestell lackieren (siehe Seite 40, „Mit Lack").

6 Zum Aufhängen Löcher in das Außengestell bohren, die Ringschrauben von außen durchstecken und mit den Muttern fixieren. Die Karabinerhaken in die Ringschrauben einklinken und die Ketten darin einhängen. Diese oben zusammenführen und sicher aufhängen.

Schwierigkeitsgrad
● ● ●

Modellhöhe
ca. 500 mm (ohne Aufhängung)

Material
- Tischlerplatten, 22 mm stark:
  – 2x 1300 mm x 500 mm (Außengestell-Seitenteile)
  – 2x 2000 mm x 150 mm (Außengestell-Längsbretter)
- Kantholz (z. B. Fichte oder Tanne, sägerau), 60 mm x 40 mm:
  – 2x 2000 mm lang (Matratzenauflage)
  – 4x 920 mm lang (Matratzenauflage)
- Latten (z. B. Fichte oder Tanne), 100 mm x 20 mm:
  – 9x 2000 mm lang (als Lattenrost)
- Kiefer-Rundholzstangen ø 35 mm:
  – 4x 2044 mm lang (serienmäßig in der Länge 2400 mm erhältlich)
- Acryllack auf Wasserbasis in Weiß
- 12 Lochplattenwinkel, 60 mm x 60 mm x 50 mm
- Spanplattenschrauben, Pan Head, 4,5 mm x 20 mm
- Päckchen Schnellbauschrauben
- 4 Ketten, ø 6 mm (von den Kettengliedern), Länge nach Bedarf
- 4 Ringschrauben (z. B. M 8 x 40 mm), dazu passend 4 Muttern und 4 Unterlegscheiben
- 4 große Karabinerhaken
- 2 ausreichend große, stabile Haken zum Aufhängen (je nach Gegebenheit)
- Forstnerbohrer, ø 35 mm
- Bohrer, ø 8 mm

Vorlage & Montageskizze
Seite 122

Tipps & Tricks

◆ Als Auflage eignet sich eine 1 m x 2 m große, leichte Matratze zum Aufrollen oder eine Koffermatratze. Letztere besteht aus drei Teilen und lässt sich bei Regen einfach zusammenklappen und verstauen. Mit viel Kissen wird das Schaukelbett dann richtig gemütlich.

◆ Hier wurde das Schaukelbett mit Karabinerhaken an dicken Balken aufgehängt. Die optimale Aufhängung hängt allerdings immer von den Gegebenheiten bei Ihnen zuhause ab, lassen Sie sich hier am besten im Baumarkt beraten.

◆ Um bequem ein- und aussteigen zu können, sollte die Matratze nach dem Aufhängen ca. 40 cm über dem Boden sein.

Ideenpool

Hausnummer & Türschild

Tipps & Tricks

◆ Wenn die Modelle später im Außenbereich angebracht werden, sollten Sie Hartholz verwenden.

◆ Das Holz um die Ziffern herum kann auch mit einem Fräser herausgearbeitet werden. Eine Standbohrmaschine mit Tiefenanschlag erleichtert die grobe Vorarbeit.

◆ Punzieren bedeutet, mithilfe von Punziereisen Linien und Muster auf der Holzoberfläche anzubringen. Bei den Punziereisen handelt es sich um Stahlstifte, die an einem Ende ein Profil (= Muster) aufweisen. Sie werden mit einem Hammer oder dem Bildhauerklüpfel auf das Holz geschlagen, damit sich das Muster auf das Holz überträgt. Dazu das Punziereisen senkrecht auf das Holz stellen und nicht zu fest schlagen, damit das Holz nicht splittert!

Schwierigkeitsgrad
● ● ●

Modellgrößen
Hausnummer 175 mm x 130 mm
Türschild 190 mm x 270 mm

Material
Hausnummer
◆ Eichenholz, 20 mm stark:
  − 175 mm x 130 mm
◆ Klarlack
◆ Punziereisen
◆ Flacheisen (Schnitzeisen): 3/5
◆ Bohrer (Schnitzeisen): 10/6 und 11/2

Türschild
◆ Eichenholz, 30 mm stark:
  − 200 mm x 300 mm
◆ Wasserfarben in Rot, Braun, Grün, Gelb und Schwarz
◆ Deckweiß
◆ Klarlack
◆ Punziereisen (Schnitzeisen)
◆ Bohrer (Schnitzeisen): 11/2

Vorlagen
Seite 128

Hausnummer

1 Das Motiv gemäß Vorlage auf das Holz übertragen. Die Fläche zwischen Rahmen und Ziffern mit den beiden Bohrern etwa 6 mm bis 8 mm tief absenken. Den inneren Rand senkrecht bis zum Grund abstechen, die Ecken sauber nachstechen und die Oberfläche mit dem Flacheisen glätten.

2 Den Hintergrund punzieren. Dadurch werden auch schwer zugängliche Stellen an den Rändern zu einer gleichmäßig erscheinenden Grundfläche. Kleinere Unregelmäßigkeiten beim Schnitzen können so ebenfalls kaschiert werden.

3 Das Schild ggf. wetterfest behandeln, z. B. mithilfe von Klarlack. Bei Bedarf den Hintergrund etwas dunkler färben, damit der Kontrast deutlicher wird.

4 Nach Wunsch eine Aufhängung auf der Rückseite anbringen oder das Relief mit einem Bohrloch versehen und mit Dübeln verankern.

Türschild

1 Das Motiv gemäß Vorlage auf das Holz übertragen, die Umrisslinie aussägen und das Schnitzholz arbeitssicher befestigen. Die Fläche der Hauswand für den Namen und den Zaun mit dem Bohrer etwa 2 mm tieferlegen.

2 Das Dach von der Dachrinne bis zum First ebenfalls mit dem Bohrer gleichmäßig um etwa 5 mm absenken. Dadurch treten Katze, Schornstein und der Schriftzug „Familie" plastisch hervor und die Umrisslinie des Baums wird sichtbar.

3 Die Oberfläche des Baums mit dem Bohrer wie abgebildet oder nach Wunsch strukturieren und um den Vogel herum 1 mm weit absenken. Mit Schleifpapier etwas glätten.

4 Die Hauswand und das Dach sowie das Umfeld des Vogels gleichmäßig punzieren. Die Einzelmotive des Schilds treten nun konturenscharf hervor.

5 Das Motiv mit Wasserfarben wie abgebildet farbig gestalten und die Oberfläche wetterfest lackieren.

Dekoratives für draußen

Ideenpool

Lichtsäule

1 Das Sperrholz gemäß den Zuschnitten in der Materialliste zuschneiden.

2 Die Vorlage mit dem Blumenmuster auf die 4 mm starken Sperrholzstücke übertragen. Dazu die Vorlage mit dem angegebenen Vergrößerungsfaktor kopieren, auf Transparentpapier abpausen und zusammen mit einem Stück Kohlepapier (beschichtete Seite nach unten) auf das Holz legen. Ggf. mit Klebefilmstreifen fixieren, damit nichts verrutscht. Die Linien noch einmal mit einem Bleistift nachfahren, damit das Motiv auf das Holz übertragen wird (siehe Seite 15, „Übertragen mit Kopierpapier").

3 Die Innenausschnitte des Blumenmusters aussägen. Dazu mit dem 10 mm-Bohrer ein Loch in das aufgezeichnete Motiv setzen, das Sägeblatt auf einer Seite lösen, durch das Loch ziehen und wieder in die Säge einspannen. Dann die Innenausschnitte vorsichtig heraussägen. Anschließend die Kanten mit einer Feile und einem Schleifschwamm glätten.

4 Die Leisten entsprechend der Materialliste ablängen und die Leistenenden mithilfe der Gehrungssäge abschrägen.

5 Die Leisten, die dünnen Sperrholzteile mit Blumenmuster, die Deck- und die Bodenplatte sowie die Rohholzkugeln in Palisander lackieren, die Seitenplatten aus dem 8 mm starken Sperrholz, die hinter die dünnen Platten mit dem ausgesägten Muster geklebt werden, in Weiß. Alles trocknen lassen. Dann jeweils eine dünne Musterplatte und eine stärkere, weiß lackierte Platte mit Holzleim aufeinander kleben. Dabei evtl. Schraubzwingen mit Unterlagen verwenden. Gut trocknen lassen.

6 Die Bodenplatte 55 mm von einer Seite entfernt auf einer Seite mittig mit einem Forstnerbohrer (ø 20 mm) durchbohren. Zum Anbringen der Füße in die Bodenplatte jeweils 40 mm von den Ecken entfernt vier Bohrungen (ø 10 mm) anbringen.

7 Die Zwischenplatte zum Anbringen der Fassung mittig mit dem Forstnerbohrer durchbohren (ø 15 mm). Das kleine Sperrholzquadrat (30 mm x 30 mm) ebenfalls mit diesem Forstnerbohrer durchbohren und von unten mit Holzleim unter die Mitte der Zwischenplatte kleben, sodass die beiden Löcher deckungsgleich sind.

Schwierigkeitsgrad
● ● ●

Modellhöhe
ca. 900 mm

Material
- Sperrholz, 4 mm stark:
  - 2x 246 mm x 300 mm (kleinere Seitenteile mit Blumenausschnitt)
  - 2x 270 mm x 300 mm (größere Seitenteile mit Blumenausschnitt)
- Sperrholz, 8 mm stark:
  - 2x 246 mm x 300 mm (kleinere Seitenteile ohne Blumenausschnitt zum Hinterkleben)
  - 2x 270 mm x 300 mm (größere Seitenteile ohne Blumenausschnitt zum Hinterkleben)
  - 2x 270 mm x 270 mm (Boden- und Zwischenplatte)
  - 30 mm x 30 mm (zur Stabilisierung)
- Sperrholz, 15 mm stark:
  - 300 mm x 300 mm (Deckplatte)
- Winkelleiste in beliebiger Holzfarbe, 23 mm x 23 mm:
  - 4x 820 mm lang (auf einer Seite auf 45° abgeschrägt)
  - 2x 280 mm lang (auf beiden Seiten auf 45° abgeschrägt)
  - 4x 310 mm lang (auf beiden Seiten auf 45° abgeschrägt)
  - 2x 234 mm lang
- Rechteck-Holzleiste, 20 mm x 5 mm:
  - 4x 234 mm lang
- quadratische Holzleiste, 14 mm x 14 mm:
  - 2x 264 mm lang
  - 2x 236 mm lang
- quadratische Holzleiste, 10 mm x 10 mm:
  - 4x 486 mm lang
- Rundholzstab, ø 10 mm:
  - 4x 65 mm lang
- 4 gebohrte Rohholzkugeln, ø 55 mm
- milchige Acrylglasplatte in Weiß, 3 mm stark:
  - 4x 500 mm x 250 mm
- Lampenfassung
- Lampenstecker mit 3-adrigem Kabel für den Außenbereich, 1500 mm lang
- Glühbirne, 40 W
- Gummimuffe, ø 15 mm
- Lüsterklemme
- Isolierband
- Dickschichtlack in Palisander und Weiß
- 8 Schrauben, M3 x 25
- Bohrer, ø 10 mm
- Forstnerbohrer, ø 20 mm und 15 mm

Vorlagen & Montageskizzen
Seite 124

Tipps & Tricks

◆ Durch die Gummimuffe kann keine Feuchtigkeit in die Lampe eindringen.

◆ Die filigranen Blumenmotive können Sie auch mit einer Laubsäge aussägen. Diese kann bis zu einer Holzstärke von ca. 10 mm eingesetzt werden.

◆ Achten Sie beim Zusägen von Acrylglas darauf, dass Sie dieses beim Sägen nur langsam durchschieben, weil sonst die Kanten ausreißen bzw. schmelzen. Es gibt aber auch spezielle Sägeblätter für Acrylglas.

Ideenpool

Fortsetzung „Lichtsäule"

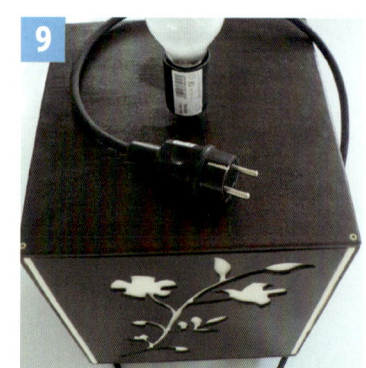

8 Die Rundholzstabstücke in die Kugeln leimen. Anschließend die Kugeln in die Bodenplatte kleben und ebenfalls lackieren. Drei Seitenteile und die Bodenplatte zusammenleimen, dabei ggf. einen Winkel zur Hilfe nehmen. Die Gummimuffe einstecken und das Kabel mit Stecker von der Unterseite her durchziehen. Das Kabel nach oben führen.

9 Die Fassung von der oberen Seite des Zwischenteils mit Holzleim einkleben. Das Kabel von der Unterseite her mit der Lüsterklemme verbinden. Zusätzlich mit Isolierband sichern. Das vierte Seitenteil aufleimen, anschließend die Zwischenplatte. An den Ecken mit vier Schrauben sichern.

10 Die 820 mm langen Winkelleisten an den Kanten senkrecht aufleimen. Zwischen der Bodenplatte und den Seitenteilen die zwei 280 mm langen Winkelleisten (beide Seiten auf 45° abgeschrägt) auf zwei gegenüberliegende Seiten aufkleben, die beiden 234 mm langen Winkelleistenstücke an den fehlenden Seiten.

11 Die Rechteckleisten (20 mm x 5 mm) als Abschlussleiste zwischen dem Holz-Seitenteil und dem Acrylglas mittig auf die Kante des Zwischenbodens kleben. Dann die quadratischen Leisten (10 mm x 10 mm) von innen in die senkrechten Winkelleisten leimen, das Ende mit dem Zwischenboden bündig. An diese quadratischen Leisten setzt sich anschließend das Acrylglas. Die Acrylglasscheiben mit Holzleim gegen die Winkelleisten kleben.

12 Um die 300 mm x 300 mm große Abdeckplatte die Winkelleisten kleben. Anschließend vier Quadratleisten (14 mm x 14 mm, 2x 264 mm und 2x 236 mm lang) im Quadrat zusammenleimen und im gleichen Abstand zu den Rändern auf der Unterseite der Bodenplatte aufleimen. Mit acht Schrauben befestigen. Dieses Quadrat passt jetzt genau in die Mitte der Acrylglasscheiben. Die Glühbirne einschrauben und die Abdeckplatte aufsetzen.

Dekoratives für draußen

Nistkasten

Schwierigkeitsgrad
● ● ●

Modellhöhe
ca. 300 mm (nur Häuschen)

Material

- Holzbrett, 20 mm stark:
  - 290 mm x 200 mm (Dach F)
  - 290 mm x 180 mm (Dach G)
  - 2x 205 mm x 200 mm (Seitenteile D, E)
  - 280 mm x 220 mm (Boden C)
  - 2x 280 mm x 180 mm (Front und Rückseite A, B)
  - 145 mm x 100 mm (Klappe H)
- Holzbrett, 10 mm stark:
  - 20 mm x 130 mm (Treppe, Briefkasten)
- Holzbrett, 6 mm stark:
  - 90 mm x 70 mm (Türrahmen)
  - 2x 50 mm x 55 mm (Vordachstützen)
- Holzbrett, 5 mm stark:
  - 100 mm x 35 mm (Vordachplatte)
  - 130 mm x 50 mm (Fensterrahmen)
  - 10x 45 mm x 300 mm (Dachlatten)
  - 4x 20 mm x 60 mm (Fensterläden)
  - 2x 55 mm x 17 mm (Fenstersimse)
- Holzbrett, 3 mm stark:
  - 40 mm x 80 mm (Dach Schornstein)
  - 25 mm x 40 mm (Dach Briefkasten)
  - 50 mm x 50 mm (Ring Einflugloch)
  - 30 mm x 10 mm (Plättchen an der Klappe)
  - 46 mm x 75 mm (Tür)
  - 35 mm x 100 mm (Fenster)
- Holzleiste, Fichte (Modellbau), 3 mm x 5 mm:
  - 1000 mm lang (Fenstersprossen)
- Holzleiste, Fichte (Modellbau): 5 mm x 5 mm:
  - 1000 mm lang (senkrechte Abschlussleisten Fensterläden)
- Holzleiste, Fichte (Modellbau), 25 mm x 25 mm
  - 1000 mm lang (Schornstein)
- Rundholzstab, Buche, ø 6 mm:
  - 1000 mm lang
- Rundholzstab, Buche, ø 10 mm
  - 1000 mm lang
- 28 Senkkopfschrauben, 3,5 mm x 45 mm (Hausmontage)
- 2 Senkkopfschrauben, 2 mm x 25 mm (Befestigung Treppe)
- 8 Senkkopfschrauben, 3 mm x 16 mm (Befestigung Scharniere)
- 5 Senkkopfschrauben, 3,5 mm x 40 mm (Befestigung Winkelverbinder am Pfosten)
- 5 Senkkopfschrauben, 3,5 mm x 16 mm (Befestigung Winkelverbinder am Häuschen)
- Farbe in Purpurrot, Weiß und Schwarz
- 2 Scharniere, verzinkt, 31,5 mm x 22,5 mm
- Packung Nägel, verzinkt, ø 1 mm, 16 mm lang (Befestigung Dachlatten, Vordach, Schornstein, Plättchen a. d. Klappe)
- 12 Rundkopfstifte, ø 1 mm, 11 mm lang (Fenster- und Türrahmen, Ring Einflugloch)
- 2 Rundkopfstifte, ø 1,4 mm, 20 mm lang (Befestigung Vordach)
- Wiener Vorreiber, verzinkt, 25 mm
- evtl. Pfosten, 70 mm x 70 mm, 2400 mm lang (auf die gewünschte Länge gekürzt)
- Winkelverbinder, 40 mm x 60 mm
- Bodenhülse, verzinkt (zum Befestigen des Pfostens in der Erde)
- Montagekleber
- Forstnerbohrer oder Kreisschneider, ø 35 mm
- Holzbohrer, ø 0,5 mm, 1 mm, 2 mm, 2,5 mm, 3 mm, 5 mm und 10 mm
- Säge mit Metallsägeblatt

Vorlagen & Montageskizzen
Seite 125+126

Tipps & Tricks

◆ Lassen Sie sich die vielen geraden Einzelteile am besten im Baumarkt zuschneiden, das spart Ihnen viel Zeit und Arbeit.

◆ Bemalen Sie nur die Außenseiten des Vogelhäuschens, damit die Vögel nicht unbeabsichtigt mit eventuellen Ausdünstungen der Lasur in Kontakt kommen.

Ideenpool

Fortsetzung „Nistkasten"

Tipps & Tricks

◆ Um den Griff zu modellieren, empfiehlt sich folgende Vorgehensweise: Spannen Sie den 50 mm langen Rundholzabschnitt statt eines Holzbohrers in die Standbohrmaschine ein. Knicken Sie gröberes Schleifpapier, schalten Sie das Gerät ein und halten Sie das Schleifpapier dagegen, bis sich die Einkerbung modelliert hat.

◆ Am besten steht das Vogelhäuschen, wenn Sie, wie hier in der Materialliste aufgeführt, eine Bodenhülse nehmen. Um diese in den Boden einzuschlagen, gehen Sie folgendermaßen vor: Heben Sie erst mit dem Spaten eine Kuhle aus und platzieren Sie die Spitze der Bodenhülse darin. Dann stecken Sie ein Einschlagholz (= ein Reststück des Pfostens) in die Hülse und schlagen diese mithilfe eines schweren Hammers ein. Die Halterung sollte in der Kuhle verschwinden, oben muss aber noch so viel überstehen, dass der Pfosten problemlos mit der Hülse verschraubt werden kann.

1 Die Bauteile wie angegeben zuschneiden, vier Belüftungslöcher, ø 5 mm, in den Boden bohren. Alle Kleinteile aussägen und mit dem Bohrer mit ø 2,5 mm sämtliche Löcher gemäß der Vorlagen vorbohren. Die Außenseiten mit grobem Schleifpapier glätten, das Einflugloch fräsen. Für die Sitzstange ein Loch mit ø 10 mm bohren.

2 Zunächst das Seitenteil D, dann das Seitenteil E an die Rückseite B schrauben. Die Frontseite A ebenfalls anschrauben und danach den Boden C bündig an die Rückseite B montieren. Die Dachteile F und G zusammenfügen, jedoch noch nicht an das Häuschen schrauben.

3 Die Scharniere an der Klappe H anbringen und die Klappe an das Rückenteil B montieren. Dabei darauf achten, dass die Klappe beweglich bleibt.

4 An der Klappe H unten mit dem 10 mm-Bohrer ein Loch für den Griff vorbohren, jedoch nicht durchbohren. Den Rundholzstab, ø 10 mm, auf 50 mm kürzen und mit Montagekleber in das Loch an der Klappe als Griff kleben. Den Vorreiber seitlich zum Schließen hineindrehen, vorher ein Loch, ø 2 mm, nicht zu tief vorbohren. Das 3 mm starke Plättchen, 30 mm x 10 mm, seitlich an der Klappe annageln, damit sich die Klappe fester schließen lässt.

5 Nun den Schornstein anfertigen. Dafür aus der 25 mm-Leiste ein 100 mm langes Stück zusägen. Die Bohrlöcher gemäß der Vorlage markieren und von zwei Seiten ganz durchbohren. Danach mit der Stichsäge zwischen den Bohrungen eine ovale Öffnung aussägen. Auf dem Schornstein die Dachteile mit je einem Nagel anbringen. Den Schornstein purpurrot, das Dach mit einer Mischung aus Schwarz und wenig Weiß anmalen und nach dem Trocknen an das Dach des Nistkastens schrauben.

6 An der Tür und an den Fensterläden mit einem Nagel die Rillen einritzen. Dafür ein Stück Leiste als Lineal verwenden und den Nagel mit viel Druck entlang der Leiste führen. Auf dem Vordach ebenfalls einige Querrillen einritzen. Alle Teile wie abgebildet mit einer Mischung aus Schwarz und wenig Weiß bemalen und gut trocken lassen.

7 Die Dachstützen an die Vordachplatte nageln. Den Briefkasten montieren und die Dachplatten aufkleben.

8 Aus den Leisten die Fenstersprossen herstellen. Aus der Leiste (3 mm x 5 mm, 1000 mm lang) zwei 50 mm lange und vier 15 mm lange Stücke zusägen. Die längeren Stücke mit Schleifpapier von 5 mm-Breite auf 3 mm-Breite, die kürzeren Stücke auf 2 mm-Breite abschleifen. Die Teile weiß anmalen und auf die Fensterscheiben kleben. Ebenfalls aus dieser Leiste vier senkrechte Abschlussleisten, je 60 mm lang, für die Fensterläden zusägen und mit der Mischung aus Schwarz und wenig Weiß bemalen.

9 Das Häuschen in Purpurrot, die Kleinteile wie abgebildet in Weiß bzw. mit einer Mischung aus Schwarz und Weiß anmalen und trocknen lassen.

10 Die Fenster, Rahmen und Fensterläden samt den senkrechten Abschlussleisten auf den Nistkasten kleben.

11 Jetzt den Türgriff herstellen. Dafür vom Rundholzstab, ø 6 mm, zunächst ein 50 mm langes Stück absägen, rund schleifen und an einem Ende modellieren (siehe dazu auch Tipp). Danach den Stab auf 10 mm kürzen, das andere Ende auf ø 3 mm abschleifen und in das vorgebohrte Loch an der Tür kleben.

12 Die Treppe von unten an den Boden schrauben, die Tür und den Briefkasten ankleben. Den Türrahmen mit den kürzeren und das Vordach mit den längeren Rundkopfstiften befestigen. Nun das fertige Dach auf dem Häuschen montieren.

13 Mit dem Metallsägeblatt einige Querrillen auf die Dachlatten sägen und für den Schornstein ein Rechteck aus zwei Latten aussägen. Nun die Teile leicht überlappend auf das Dach nageln und anmalen.

14 Das Häuschen mit den Winkelverbindern am Pfosten befestigen.

Dekoratives für draußen

Blumenkastenpyramide

Tipps & Tricks

◆ Die Einzelteile sind sich hier recht ähnlich. Es empfiehlt sich, die zu einem Kasten gehörenden Teile nach dem Zuschnitt jeweils mit einem kleinen Bleistift-Symbol zu versehen, damit es keine Verwechslungen gibt.

◆ Wenn Sie keine Lamellofräse zur Hand haben, dann können Sie die Kästen alternativ auch von außen miteinander verschrauben. Der Vorteil einer Lamelloverbindung besteht darin, dass Sie hier eine größere Leimfläche und somit eine bessere Verbindung bekommen. Lamellofräsen können Sie sich in vielen Baumärkten ausleihen.

Schwierigkeitsgrad
● ● ●

Modellhöhe
ca. 620 mm

Material
- Fichte- oder Kiefernholz, 19 mm stark:
  - 2x 800 mm x 200 mm (Seiten unten)
  - 2x 838 mm x 200 mm (Seiten unten)
  - 800 mm x 800 mm (Boden unten)
  - 2x 500 mm x 400 mm (Seiten Mitte)
  - 2x 538 mm x 400 mm (Seiten Mitte)
  - 500 mm x 500 mm (Boden Mitte)
  - 2x 200 mm x 400 mm (Seiten oben)
  - 2x 238 mm x 400 mm (Seiten oben)
  - 200 mm x 200 mm (Boden oben)
- ca. 50 Edelstahlschrauben, 3,5 mm x 45 mm
- ca. 20 Formfedern (Lamellos), Größe 10
- Grundierung (Imprägnierung), ca. 1 l
- Holzlasur (für den Außenbereich), ca. 2 l
- Bohrer, ø 8 mm

Montageskizze
Seite 123

1 Als erstes die in der Holzliste beschriebenen Teile zusägen. Die Pyramide besteht aus drei Grundbausteinen. Diese am besten erst einmal sortieren. Zu jedem Element gibt es jeweils einen Boden, zwei etwas längere und zwei etwas kürzere Seitenteile.

2 Um die Oberflächenbehandlung später zu vereinfachen, sollten sämtliche Teile vor dem Verleimen mit 150er- bis 180er-Schleifpapier abgeschliffen werden.

3 Die Böden, wie auf der Zeichnung erklärt, mittels Lamellos mit den Seitenteilen verleimen und verbinden (siehe dazu Seite 53, „Nuten").

4 Sobald der Leim ausgehärtet ist, kann mit der Oberflächenbehandlung begonnen werden. Zuerst die Leimrückstände an den Verbindungen entfernen, da diese keine Verbindung mit der Lasur eingehen können. Dazu am besten ein Stecheisen und Schleifpapier verwenden. Danach die Imprägnierung mit dem Pinsel auftragen. Diese einige Stunden trocknen lassen (Herstellerangaben beachten). Die Bauteile nun noch einmal mit 220er-Schleifpapier abschleifen, entstauben und dick mit der Lasur einstreichen. Der Zwischenschliff sorgt hierbei dafür, dass die aufgestellten Fasern wieder gebrochen werden. Je nach Qualität der Lasur muss der Vorgang unter Umständen wiederholt werden. Trocknen lassen.

5 Damit später das Wasser abfließen kann, müssen jetzt noch Löcher (ø 8 mm) in die Böden der Kisten gebohrt werden. Die unteren beiden Kästen bekommen dabei in jede Seite ein Loch, beim oberen Kasten reicht ein Loch in der Mitte.

6 Jetzt kann mit der Montage der einzelnen Elemente begonnen werden. Hierfür die Teile ineinander stellen, ausrichten und diese Positionen markieren. Die Kästen ineinander stellen und miteinander verschrauben.

Dekoratives für draußen

Ideen für Kinder

Ideen für Kinder

Prinzessinnenstuhl

1 Die Bodenplatte, die beiden Seitenteile, die Sitzfläche und die beiden Türen für vorne wie in der Materialliste angegeben zuschneiden, die Krone und die Rückenlehne laut Vorlage.

2 An den Vorderteilen (Türen) 80 mm von oben und 40 mm von einer Seite entfernt eine Markierung anbringen. An diesem Punkt ansetzen und jeweils ein Loch mit dem Forstnerbohrer anbringen. Dies sind die Griffmulden zum Öffnen der Türen.

3 Alle Kanten schleifen, anschließend die Teile mit einem Tuch vom Staub befreien. Die Sitzfläche und den Boden mit der Acrylfarbe in Lavendel streichen, die restlichen Stuhlteile mit weißem Buntlack besprühen. Anschließend die Krone mit dem Spray in Gold gestalten. Alles gut trocknen lassen.

4 An den Seitenteilen jeweils 75 mm vom oberen und unteren Rand entfernt eine Markierung anbringen. Von dieser Markierung ausgehend nach außen und zur Seite bündig die Aufschraubscharniere mit den Spaxschrauben anbringen. Die beiden Vorderteile (Türen) neben die Seitenteile legen und vermitteln. Die Klappe des Scharniers auf den Vorderteilen anzeichnen und so verschrauben, dass sich die Türen schließen.

5 Die zwei Seitenteile mit den Türen nach hinten bündig und im rechten Winkel auf die Bodenplatte leimen und trocknen lassen. Danach jedes Seitenteil mit drei Nägeln von der Unterseite her sichern. Die Sitzfläche nach hinten bündig und seitlich und nach vorne jeweils 10 mm überstehend anleimen und trocknen lassen. Die ausgesägte Stuhllehne nach unten bündig und von den Seiten vermittelt anleimen und trocknen lassen. Diese anschließend von der Rückseite seitlich mit jeweils vier Nägeln sichern. Die Krone nach Vorlage aufleimen. Zum Schluss den Stuhl mit Klarlack besprühen und trocknen lassen.

Schwierigkeitsgrad
● ● ●

Modellhöhe
ca. 1030 mm

Material
- Sperrholz, 10 mm stark:
  – 300 mm x 300 mm (Bodenplatte)
  – 2x 300 mm x 290 mm (Seitenteile)
  – 320 mm x 310 mm (Sitzfläche)
  – 2x 297 mm x 148 mm (Türen vorne)
  – 600 mm x 1000 mm (Krone und Rückenlehne)
- 8 Spaxschrauben, 2,5 mm x 10 mm
- Nägel, 1,4 mm x 25 mm
- Bunt-Sprühlack in Weiß
- Acrylfarbe in Lavendel
- Sprühlack in Gold
- 4 Aufschraubscharniere, 80 mm x 35 mm
- Forstnerbohrer, 40 mm

Montageskizzen
Seite 119

Vorlage
Seite 129

Tipps & Tricks

◆ Verzieren Sie, wenn Sie möchten die Stuhllehne mit dem aufgemalten Namen des Kindes oder anderen Mustern.

◆ Wer will, der legt noch ein (gekauftes) Stuhlkissen auf, damit dieser „Thron" besonders bequem wird. Sie können das Sitzkissen auch mit Klettband, dessen Unterseite Sie auf dem Stuhl fixieren, anbringen, damit es nicht verrutschen kann.

◆ Noch stabiler wird der Stuhl, wenn Sie ihn nicht nageln, sondern verschrauben.

Ideenpool

Arche Noah

Tipps & Tricks

◆ Für Kinderspielsachen sollten Sie immer Farben verwenden, die die DIN EN 71-3 erfüllen. Das bedeutet, dass die Farben speichel- und schweißecht sind und evtl. schädliche Bestandteile nicht angelöst werden können, wenn die Figuren in den Mund genommen werden.

◆ Die kleinen Holzfiguren begeistern auch ohne Boot und sind perfekt als kleines Mitbringsel geeignet, wenn Sie eine Familie mit Kindern besuchen.

Schwierigkeitsgrad
● ● ○

Modellhöhe
200 mm

Material
- Pappelsperrholz, 12 mm stark:
  – 1100 mm x 1100 mm
- Beize auf Wasserbasis in Kiefer
- Spielzeugfarbe in Ocker, Rot, Weiß, Schwarz, Grün, Gelb, Grau, Braun, Hautfarbe und Rosa

Vorlagen
Seite 129-131

1 Zuerst alle Teile für die Arche gemäß der Vorlagen aussägen: Das untere Teil wird einmal mit und einmal ohne Ausschnitt benötigt, das mittlere Teil zweimal. Das obere Teil wird insgesamt dreimal benötigt, zweimal nur als Rahmen und einmal mit einer Bodenplatte. Alle Teile aufeinander leimen, gut trocknen lassen und die Außen- und Innenkanten glatt schmirgeln.

2 Die Teile für das Haus aussägen und ebenfalls schmirgeln. Die Seitenwände an die Rückwand leimen, trocknen lassen und dann das Dach anbringen. Das fertige Haus mittig auf die Bodenplatte leimen.

3 Für die Treppe drei 90 mm x 290 mm große Stücke Sperrholz aufeinander leimen und gut trocknen lassen. Es empfiehlt sich, diese bis zum Abbinden des Leims mit Schraubzwingen aufeinander zu pressen, damit die Klebeverbindung auch wirklich gut hält. Die Treppe aussägen und glatt schleifen.

4 Das Schiff und die Treppe kieferfarben beizen (siehe Seite 41, „Mit Beize").

5 Zum Schluss die Tiere aussägen, abschleifen und gemäß der Abbildung bemalen.

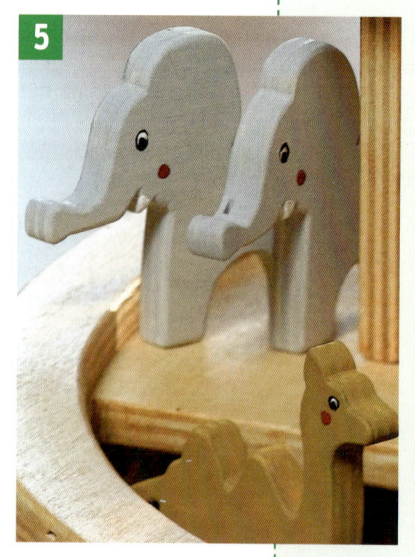

Ideen für Kinder

Ideenpool

Kaufladen

Tipps & Tricks

◆ Wenn Sie die Beschriftung und Farbe der Bemalung ändern, können Sie mit der gleichen Vorlage anstatt des Kaufladens eine Post arbeiten.

◆ Das Zubehör, um den Kaufladen zu vervollständigen, finden Sie im Spielwarenfachhandel.

Schwierigkeitsgrad
● ● ●

Modellhöhe
1200 mm

Material
- Sperrholz, 8 mm stark:
  – 2400 mm x 860 mm
- Sperrholz, 12 mm stark:
  – 830 mm x 720 mm
- Sperrholz, 6 mm stark:
  – 830 mm x 720 mm
- Vierkantholz, 35 mm x 35 mm:
  – 2160 mm lang
- Rechteckleiste, 20 mm x 15 mm:
  – 760 mm lang
- Rundholzstab, ø 6 mm:
  – 40 mm lang
- 4 Rohholzkugeln, ungebohrt, ø 25 mm
- 3 Rohholzkugeln, ungebohrt, ø 30 mm
- fertiges Kästchen mit 6 Schubladen, 283 mm x 205 mm x 285 mm
- 4 aushängbare Scharniere (2 rechte und 2 linke), 25 mm x 50 mm
- 3 Senkkopfschrauben, M6 x 30 mm
- 3 Muttern, ø 6 mm
- 10 Schrauben, 3,5 mm x 40 mm
- 12 Schrauben, 2,5 mm x 12 mm
- 6 Schrauben, 3 mm x 20 mm
- Spielzeugfarbe in Rot
- Bohrer, ø 6 mm und 8 mm

1 Für die Frontseite ein Rechteck (860 mm x 1200 mm) aus dem 8 mm starkem Sperrholz zusägen. 1000 mm vom unteren Rand entfernt die Dachschräge zum Mittelpunkt der oberen Seite mit Bleistift und Lineal aufmalen und dann aussägen. Drei durchgehende Löcher (ø 8 mm) 105 mm, 430 mm und 755 mm vom linken Rand und 940 mm von unteren Rand entfernt einbohren.

2 Ebenso für die Seitenteile zwei 380 mm x 1200 mm große Rechtecke aus dem 8 mm starken Sperrholz zusägen. 1000 mm vom unteren Rand entfernt die Dachschräge mit Mittelpunkt der oberen Seite mit Bleistift und Lineal aufmalen und aussägen. Für die Aufhängungen den Rundholzstab in vier 10 mm lange Stücke sägen. In die Holzkugeln (ø 25 mm) Löcher (ø 6 mm, 5 mm tief) bohren und die Rundholzstäbe in diese leimen. In die Seitenteile 100 mm und 250 mm vom äußeren und 880 mm vom unteren Rand entfernt vier Löcher (ø 6 mm, 5 mm tief) bohren. Die Holzkugeln rot bemalen, trocknen lassen und mit den Rundholzstäben in die Löcher in den Seitenteilen leimen.

3 Für die Regalböden zum Einhängen aus Sperrholz (6 mm stark) zwei 720 mm x 205 mm große Teile zusägen. Für die Rückseite ein 720 mm x 400 mm großes Stück aussägen. In die Rückseite drei durchgehende Löcher (ø 8 mm) ca. 35 mm, 360 mm und 685 mm vom linken Rand und 20 mm vom oberen Rand entfernt bohren. Alle Kanten schleifen.

4 Das Schränkchen mit sechs Schrauben (2,5 mm x 12 mm) mittig auf die Bodenplatte (d. h. den unteren Regalboden) schrauben und die zweite Platte mit sechs weiteren Schrauben mittig darauf befestigen.

5 Dann die Rückseite mit sechs Schrauben (3 mm x 20 mm) an den Außenkanten des Schränkchens befestigen. Das Regal mit drei Schrauben (6 mm x 30 mm) in die Löcher der Rückwand hängen und die Holzkugeln aufschrauben. Dazu in die drei Holzkugeln jeweils ein Loch bohren (ø 8 mm, ca. 20 mm tief) und die Muttern in die Bohrungen leimen.

6 Für den Tisch die Grundplatte (720 mm x 450 mm) und die Ablagefläche (550 mm x 375 mm) aus 12 mm starkem Holz zusägen. Das Vierkantholz in vier 540 mm lange Teile sägen, auf die Grundplatte je 50 mm von den Außenkanten entfernt aufleimen und mit vier Schrauben (3,5 mm x 40 mm) befestigen.

7 Die 760 mm lange Rechteckleiste in zwei 380 mm lange Teile sägen und an die Innenseiten der hinteren Tischbeine ca. 320 mm vom unteren Rand, an die Innenseiten der vorderen Tischbeine ca. 205 mm vom unteren Rand entfernt schrauben. Die überstehenden Kanten durch Schleifen etwas angleichen. Hierauf wird später die Ablagefläche gelegt. Von der 1220 mm langen Rechteckleiste 615 mm absägen und bemalen. Diese auf die vorderen Tischbeine oberhalb der schrägen Leisten schrauben.

8 Die Ablagefläche auf die schrägen Leisten legen und die seitlichen Leisten (2x 300 mm lang) aus dem Rest der 1220 mm langen Rechteckleiste zusägen. Anschließend bemalen und nach dem Trocknen zwischen den Tischbeinen mit je zwei Schrauben (3,5 mm x 40 mm) an die Ablagefläche schrauben.

Ideen für Kinder

KAUFLADEN

Ideenpool

Ideen für Kinder

Schaukeldino

1 Die Vorlagen vergrößern, mit Papierschablonen (siehe Seite 16, „Übertragen mit Schablonen") auf das entsprechende Holz übertragen und die Teile mit der Stichsäge aussägen. Bitte beachten, dass das Kopf- und das Schwanzteil doppelt gebraucht werden. Alle Schnittkanten mit Schleifpapier glätten.

2 Die bunten Stoffzacken ohne Vorlage arbeiten. Dafür jeweils zwei kleine Stoffrechtecke rechts auf rechts (d. h. Stoffvorderseite auf Stoffvorderseite) zusammenlegen. Darüber kommt ein Stückchen Volumenvlies. Dann die beiden oberen Dreieckskanten abnähen, die Unterkante aber offen lassen. Das Dreieck mit 10 mm Zugabe außerhalb der Nahtkante abschneiden und umstülpen. Insgesamt müssen acht bis zehn Stoffdreiecke gearbeitet werden.

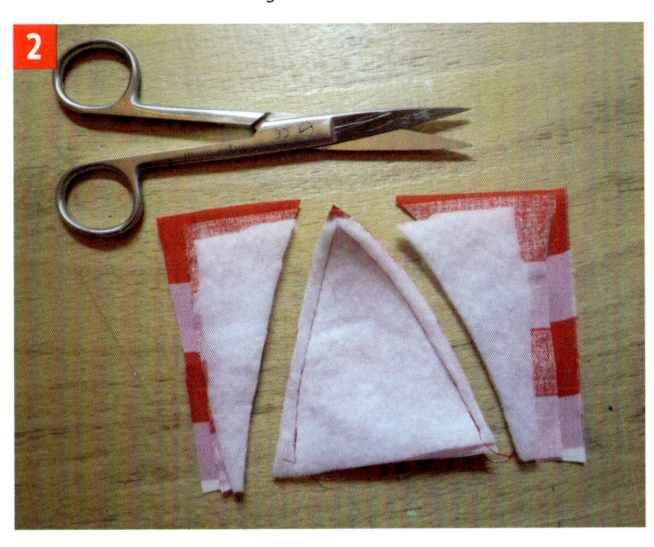

3 Die Kopf- und Schwanzteile an den Oberkanten mit hellgrüner Acrylfarbe grundieren und trocknen lassen. Dann die Innenseiten mit Holzleim bestreichen, die Zacken oben einlegen und das Ganze mit Zwingen zusammenpressen.

4 Danach geht's an den Zusammenbau. Dabei müssen alle Teile verleimt und gleichzeitig miteinander verschraubt werden. Zuerst müssen die Sitzfläche auf die Trapeze geschraubt werden, und zwar so, dass jeweils die obere Außenkante der Trapeze mit den Einschnitten der Sitzfläche vorne und hinten abschließt. Danach die Trittbretter auf die Seitenteile schrauben und dann die Seitenteile an die Trapeze und Sitzfläche. Die fertigen, mit Zacken versehenen Kopf- und Schwanzteile in die Schlitze stecken und von innen gegenschrauben. Das kleine Lehnenteil von unten anschrauben.

5 Wer die Schraubenlöcher verstecken will, kann sie vor dem Streichen mit Spachtelmasse zuspachteln.

Schwierigkeitsgrad
● ● ●

Modellhöhe
ca. 700 mm

Material
- Fichtenleimholz, 18 mm stark:
  – insg. 600 mm x 2000 mm (für den Dinokörper)
- MDF-Platte, 10 mm stark:
  – 2x 450 mm x 750 mm (für das doppelte Kopf- und Schwanzteil)
- Rundholzstab, ø 25 mm, 200 mm lang
- Acryllack in Hellgrün, Dunkelgrün, Weiß, Hellblau, Mittelblau, Rosa, Pink, Gelb und Orange
- 4 Holzklötzchen, 15 mm x 15 mm (alternativ: Holzperlen, ø 15–20 mm; als Stopper)
- verschiedenfarbige Stoffreste (für die Zacken und den Sattel)
- Volumenvlies
- Schaumstoff, 10 mm stark, ca. 270 mm x 450 mm (für den Sattel)
- Nähgarn
- doppelseitiges Klebeband
- breites Klettband, 2x ca. 100 mm lang
- Schrauben, 30 mm lang
- evtl. Spachtelmasse für Holz
- verschiedene Becher und Teller oder Zirkel
- Cutter mit passender Schneideunterlage
- Forstnerbohrer, ø 25 mm
- Nähmaschine

Montageskizzen
Seite 123

Vorlage
Seite 128

Tipps & Tricks

◆ Für Kinderspielsachen sollten Sie immer Farben verwenden, die die DIN EN 71-3 erfüllen. Das bedeutet, dass die Farben speichel- und schweißecht sind und evtl. schädliche Bestandteile nicht angelöst werden können, wenn die Figuren in den Mund genommen werden.

◆ Wenn Ihnen das Nähen des mit Schaumstoff gepolsterten Sattels zu aufwendig ist, können Sie diesen auch einfach aus Leder oder dickem Filz ausschneiden.

Ideenpool

Fortsetzung „Schaukeldino"

6 An der entsprechenden Stelle der beiden zu einem breiten Kopfteil fest miteinander verklebten Kopfteile mit dem Forstnerbohraufsatz ein Loch für den Griff einbohren. Das Rundholz für den Griff durchstecken und festleimen.

7 Jetzt wird's bunt: Den Dino erst einfarbig in Hellgrün grundieren und danach sein Muster aufmalen. Dazu alle Kreise sowie die Augen und Zehen mit Bechern und Deckeln mit verschiedenen Durchmessern vorzeichnen und dann die Punkte anmalen.

8 Für den Sattel aus Schaumstoff ein Rechteck in der Größe der Sitzfläche mit dem Cutter zuschneiden. Für die herunterhängenden Seitenteile am besten einen großen Teller in der passenden Größe auf den Rest des Schaumstoffs auflegen, einen Schaumstoffkreis daraus ausschneiden und diesen in der Mitte halbieren. Die drei Sattelteile mit je 10 mm Abstand zueinander auf den Stoff auflegen und das Ganze mit 10 mm Zugabe mit einem Stift umfahren. Den Stoff ausschneiden. Für die Unterseite braucht man zwei Stoffstücke, die sich um ca. 20 mm überlappen. Den Sattel auf rechts auf rechts zusammennähen, umstülpen und die Schaumstoffteile einschieben. Den Schlitz von Hand zusammennähen. Auf beide Unterseiten des Sattels je ein Stück Klettband nähen und die Gegenstücke des Bands auf die entsprechende Stelle des Dinos kleben.

9 Zum Schluss die Stopper wie auf der Montagezeichnung gezeigt anschrauben. Die Stopper sorgen dafür, dass der Dino nicht nach vorne kippt, wenn mit sehr viel Schwung geschaukelt wird.

Ideen für Kinder

Steckenpferd

1 Für den Kopf zwei Leimholzstücke einseitig mit Holzleim einstreichen und bündig aufeinander leimen. Die Holzmaserung beider Teile muss in die gleiche Richtung verlaufen. Zum Pressen der Teile Schraubzwingen mit Resthölzern als Unterlage verwenden. Diese verteilen den Druck der Schraubzwingen auf das Werkstück und verhindern, dass unschöne Druckstellen entstehen. Nach dem Aushärten des Holzleims die Schraubzwingen abnehmen. Die Umrisse vom Kopf und die Bohrmittelpunkte fürs Auge und die Griffstange auf das Werkstück übertragen.

2 Mit der Bohrmaschine und dem 20 mm-Forstnerbohrer senkrecht (90° zur Werkstücksoberfläche, möglichst einen Bohrständer oder eine Ständerbohrmaschine verwenden) die Bohrungen für Auge und Griffstange einbohren.

3 Die Form der Augen und der Nüstern aufzeichnen und auf beiden Seiten des Kopfes mit einem 16 mm breiten Stechbeitel ausstechen. Dazu zuerst gerade die Mittellinie einstechen, dann leicht schräg einmal von rechts und einmal von links die Form des Auges ausstechen. Dies auf der anderen Kopfseite wiederholen. Auch bei den Nüstern sticht man erst gerade die Form nach und dann leicht schräg die Vertiefung heraus.

4 Den Kopf mit der Stichsäge aussägen. Den vorderen Teil des Kopfs, also den Hals und das Gesicht bis zum Anfang der Mähne, mit der Raspel durch Abrunden der Kanten in eine gefällige Form bringen. Die grob gerundeten Außenkanten danach mit der Feile und anschließend mit Schleifpapier nacharbeiten.

Schwierigkeitsgrad
● ● ○

Modelllänge
ca. 980 mm

Material
- Fichte- oder Kiefer-Leimholz, 18 mm stark:
  – 2x 260 mm x 260 mm (Kopf)
- Fichte- oder Kiefer-Holzleiste, 10 mm stark:
  – 2 x 60 mm x 350 mm (Mähne)
- Fichte- oder Kiefer-Holzleiste, 30 mm stark:
  – 50 mm x 750 mm (Stange/Stecken)
- Buche-Rundholz, ø 20 mm:
  – 250 mm lang (Griffstange)
  – 45 mm lang (Augen)
- 2 Holzräder mit Gummiring, ø 53 mm, Bohrung ø 4 mm
- 2 Metall-Winkel, 20 mm x 20 mm x 15 mm, 2 mm stark
- 8 Senkkopfschrauben, 3 mm x 25 mm
- 2 Rundkopf-Holzschrauben, 3,5 x 30 (für die Achsen), dazu 2 Unterlegscheiben, Öffnung ø 4 mm
- 2 Dübel, 8 mm x 40 mm
- 4 Ziernägel (= Polsternägel), Kopf-ø ca. 12 mm (Zaumzeug)
- Leistenstifte, 1,5 mm x 20 mm (ca. 10 Stück)
- dünne Leder- oder Filzstreifen, 12 mm breit (Zaumzeug):
  – 250 mm lang
  – 200 mm lang
  – 2x 150 mm lang
- Aqua Lack-Lasur (spielzeuggeeignet) in Dunkelnussbraun und Farblos
- 2 Dübelmarkierstifte, ø 8 mm
- Messer (mit Abbrechklinge!)
- Holzbohrer, ø 8 mm
- Forstnerbohrer, ø 20 mm

Vorlagen & Montageskizzen
Seite 118

Tipps & Tricks

◆ Wer nicht mit dem Stechbeitel arbeiten möchte, der kann Augen und Nüstern auch mit spielzeuggeeigneter Acrylfarbe aufmalen. Dieses geschieht erst nach dem Schleifen des Kopfs, aber vor dem Lasieren.

◆ Statt mit der Dekupiersäge können Sie die Mähne auch mit einer Stichsäge mit einem Feinschnitt-Kurvensägeblatt ausschneiden.

◆ Zum Verjüngen der Stange (Schritt 8) können Sie ggf. auch einen Handhobel verwenden.

◆ Die Streifen für das Zaumzeug können Sie auch aus LKW-Plane oder Bastelfilz zuschneiden. Alternativ können feste Webbänder oder Riemen einer alten Handtasche verwendet werden.

Ideenpool

Fortsetzung „Steckenpferd"

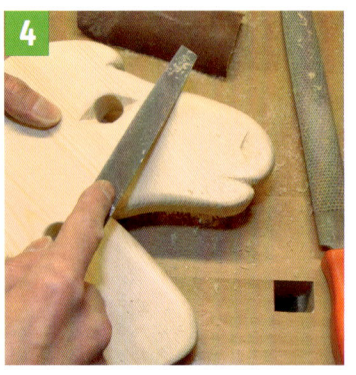

5 Auf eine der Holzleisten (350 mm x 60 mm x 10 mm) die Mähne, die aus zwei Teilen (H1/H2) besteht, aufzeichnen. Dann legt man diese Holzleiste mit den Außenkanten bündig auf die zweite Leiste und verbindet beide provisorisch mit kleinen Holzschrauben oder Nägeln an vier Stellen, die außerhalb der aufgezeichneten Mähne (also auf der Abfallseite) liegen. Danach die Mähne mit der Dekupiersäge aussägen – so entstehen die beiden gleichen Mähnenpaare.

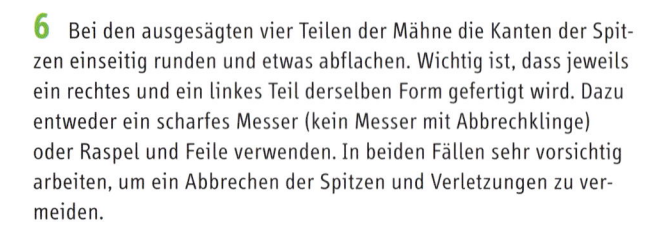

6 Bei den ausgesägten vier Teilen der Mähne die Kanten der Spitzen einseitig runden und etwas abflachen. Wichtig ist, dass jeweils ein rechtes und ein linkes Teil derselben Form gefertigt wird. Dazu entweder ein scharfes Messer (kein Messer mit Abbrechklinge) oder Raspel und Feile verwenden. In beiden Fällen sehr vorsichtig arbeiten, um ein Abbrechen der Spitzen und Verletzungen zu vermeiden.

7 An der Unterkante des Kopfes mittig zwei 8 mm-Bohrungen für die Dübel einbohren. Dabei das Maß für den Abstand zwischen den Bohrungen der Vorlage entnehmen. In die Bohrungen die Dübelmarkierstifte stecken. An der Oberseite der Stange mit dem Bleistift eine Mittellinie (bei 15 mm) anzeichnen. Die Stange dann rechts und links gleichmäßig vermitteln und mit der Mittellinie an den Spitzen der Dübelmarkierstifte ansetzen. Durch kurzes Andrücken die Bohrpunkte auf die Stange übertragen. Anschließend Löcher im Dübeldurchmesser bohren.

8 Die Stange nach unten hin auf einen Querschnitt von 30 mm x 30 mm verjüngen. Das kann z. B. mit der Tischkreissäge geschehen. Anschließend die Kanten brechen, dann den Kopf und die Stange mit zwei Dübeln und Holzleim verbinden. Zur Verstärkung der Verbindung zusätzlich die zwei Metallwinkel anschrauben.

9 Die Mähnenteile mit wasserfestem Holzleim auf beiden Kopfseiten aufleimen und zusätzlich mit Leistenstiften vernageln. Den Sitz der Stifte so wählen, dass diese beim Angleichen der Mähne an den Kopf nicht stören.

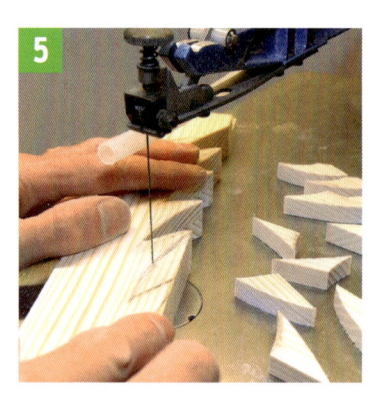

10 Wie schon der vordere Teil des Kopfs wird nun nach dem Aushärten des Leims auch der Hinterkopf abgerundet und in eine gefällige Form gebracht. Dann das kurze Rundholz für die Augen an beiden Enden kugelförmig feilen. Auch die Enden der Griffstange so abrunden. Alle Teile des Pferds mit einem feinen Schleifschwamm sauber nachschleifen.

11 Dann die Augen und Griffstange in den Kopf leimen. Mit der dunklen Lasur die Pupille sowie den Rand und die Spitzen der Mähne vorsichtig aufmalen. Nach dem Trocknen der dunklen Lasur das ganze Pferd zweimal mit farbloser Lasur streichen. Nach dem Trocknen des ersten Anstrichs am besten kurz zwischenschleifen.

12 Das Zaumzeug mit Alleskleber und Polsternägeln am Kopf befestigen. Die Streifen (Riemen) dazu probehalber auflegen, mit der Schere passend nachschneiden und erst danach aufkleben. An den vier Punkten, an denen sich die Riemen treffen, jeweils einen Polsternagel einschlagen. Zuletzt die Räder am unteren Teil der Stange befestigen!

Ideen für Kinder

Montageskizzen & Vorlagen

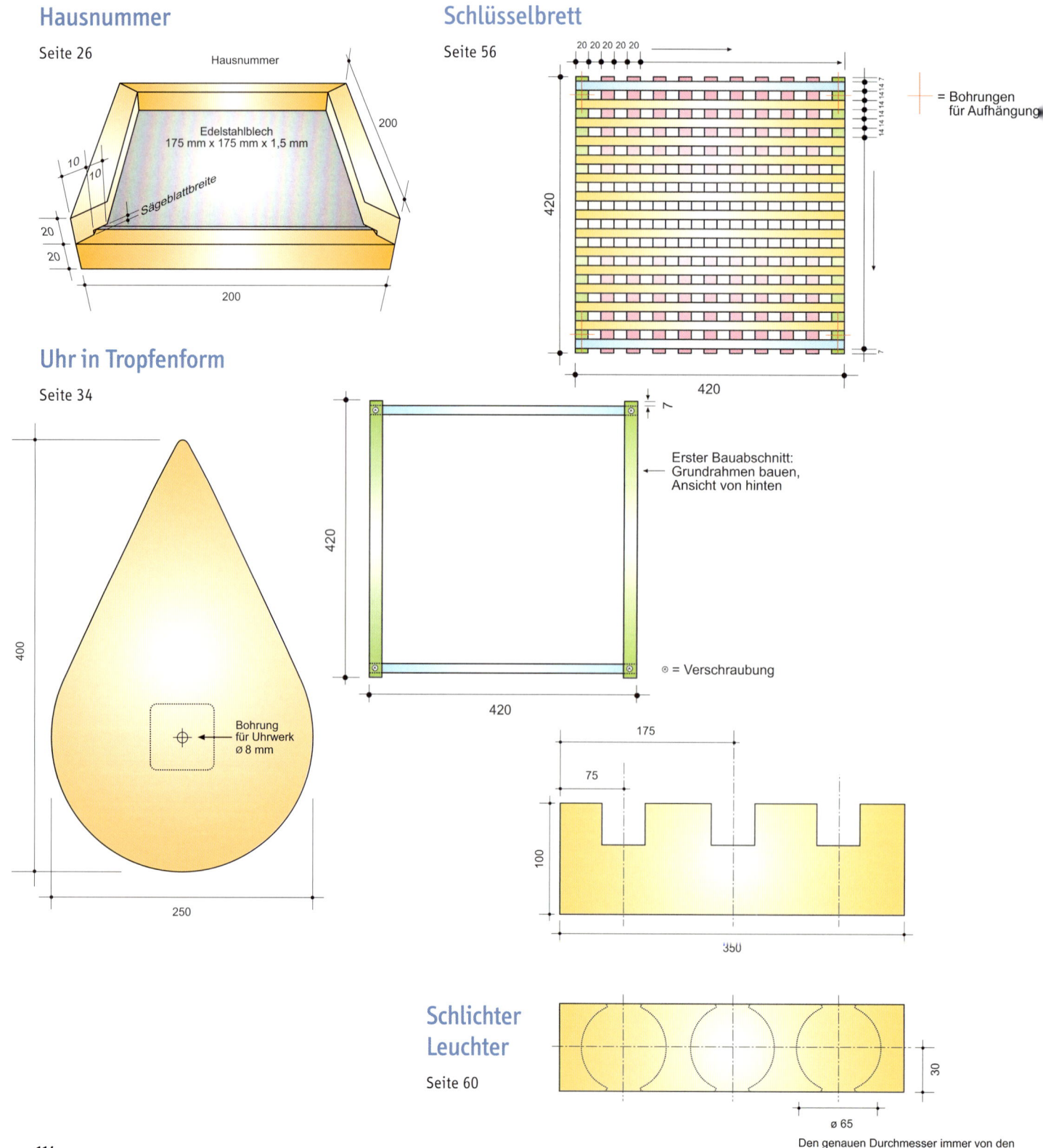

Hausnummer

Seite 26

Hausnummer
Edelstahlblech 175 mm x 175 mm x 1,5 mm
Sägeblattbreite
200
200
10
10
20
20

Schlüsselbrett

Seite 56

20 20 20 20 20
420
420
+ = Bohrungen für Aufhängung
14 14 14 14 14 7
7

Erster Bauabschnitt: Grundrahmen bauen, Ansicht von hinten

420
420

⊙ = Verschraubung

Uhr in Tropfenform

Seite 34

400
250
Bohrung für Uhrwerk ø 8 mm

175
75
100
350

Schlichter Leuchter

Seite 60

30
ø 65

Den genauen Durchmesser immer von den verwendeten Glaseinsätzen abnehmen.

Montageskizzen & Vorlagen

Schieberegal
Seitenansicht
Schieberegal
Vorderansicht

Schieberegal
Rückansicht - Aufhängungs-Ecke

Bohrung ø 30 mm

Schieberegal
Seite 44/45

Einfaches Regalbrett
Seite 61

Bademate
Seite 65

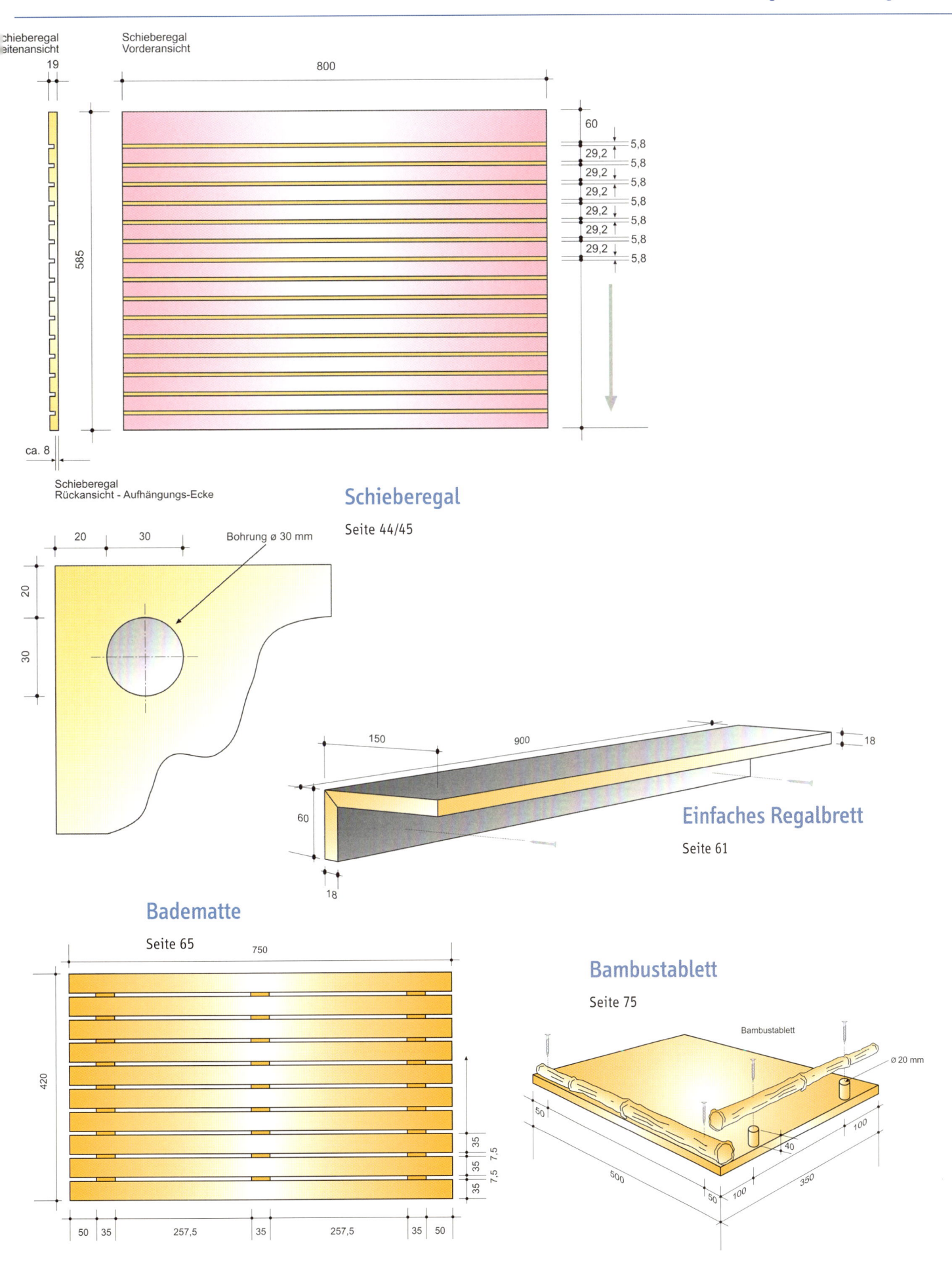

Bambustablett
Seite 75

Anhang

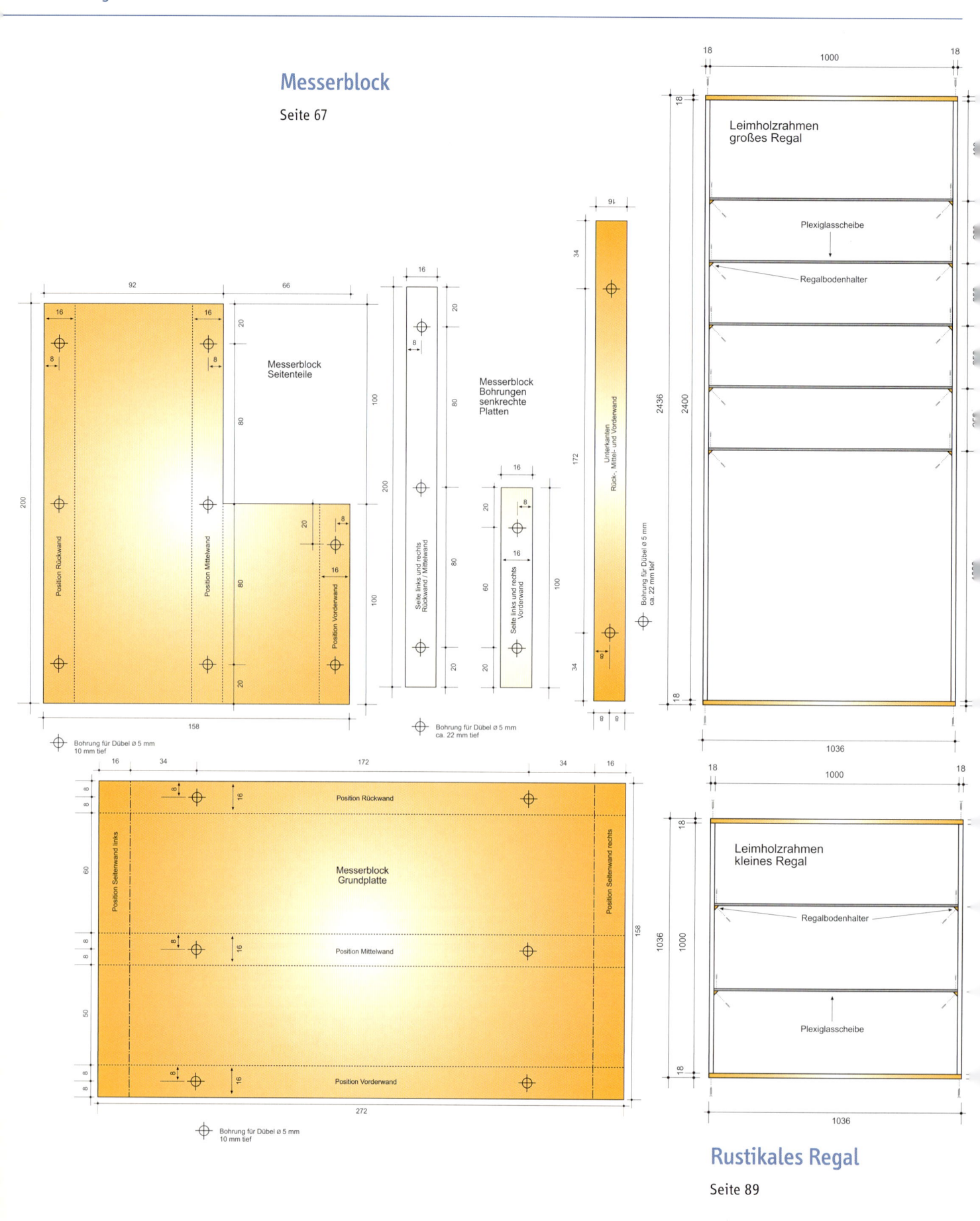

Messerblock
Seite 67

Rustikales Regal
Seite 89

Montageskizzen & Vorlagen

Ausschnittsvermaßung Frontplatte Innenseite

Seitenansicht rechts

- Frontplatte
- Deckplatte
- inneres Seitenteil rechts
- Regalboden rechts, bündig mit Oberkante Ausschnitt
- Rückseite
- Bodenplatte, bündig mit Oberkante Ausschnitt
- Vierkanthölzer 22 mm x 22 mm

Auflattung und Ausschnittsvermaßung Frontplatte Innenseite

- Regalboden Mitte 2
- Regalboden links 1
- Regalboden Mitte 1
- Regalboden links 2

Legende:
- Innenseite Frontplatte 2000 mm x 800 mm x 28 mm
- Ausschnitte
- Vierkanthölzer 22 mm x 22 mm
- senkrechte Seitenteile und Frontblenden links
- Deck- und Bodenplatte, Regalböden

Regalwagen
Seite 76

Innere Seitenteile oben

Ausschnitte innere Seitenteile oben

Bohrskizze
vorbohren

Beschriftungen (perspektivische Skizze):
- Vierkantholz
- inneres Seitenteil links
- Blende links 1 waagerecht
- Blende links 1 senkrecht
- Blende links 2 waagerecht
- Vorbohrung
- Blende links 3 waagerecht
- Nägel
- Blende links 4 waagerecht
- Blende links 2 senkrecht
- Regalboden links 2
- Frontplatte
- Regalboden links 1
- Bodenplatte (bündig zur Ausschnittskante)
- Regalboden Mitte 1 (bündig zur Ausschnittskante)
- Regalboden Mitte 2 (bündig zur Ausschnittskante)
- Bodenplatte
- inneres Seitenteil rechts
- Seitenteil rechts
- Regalboden rechts
- Deckplatte
- innere Seitenteile bündig zu Kanten

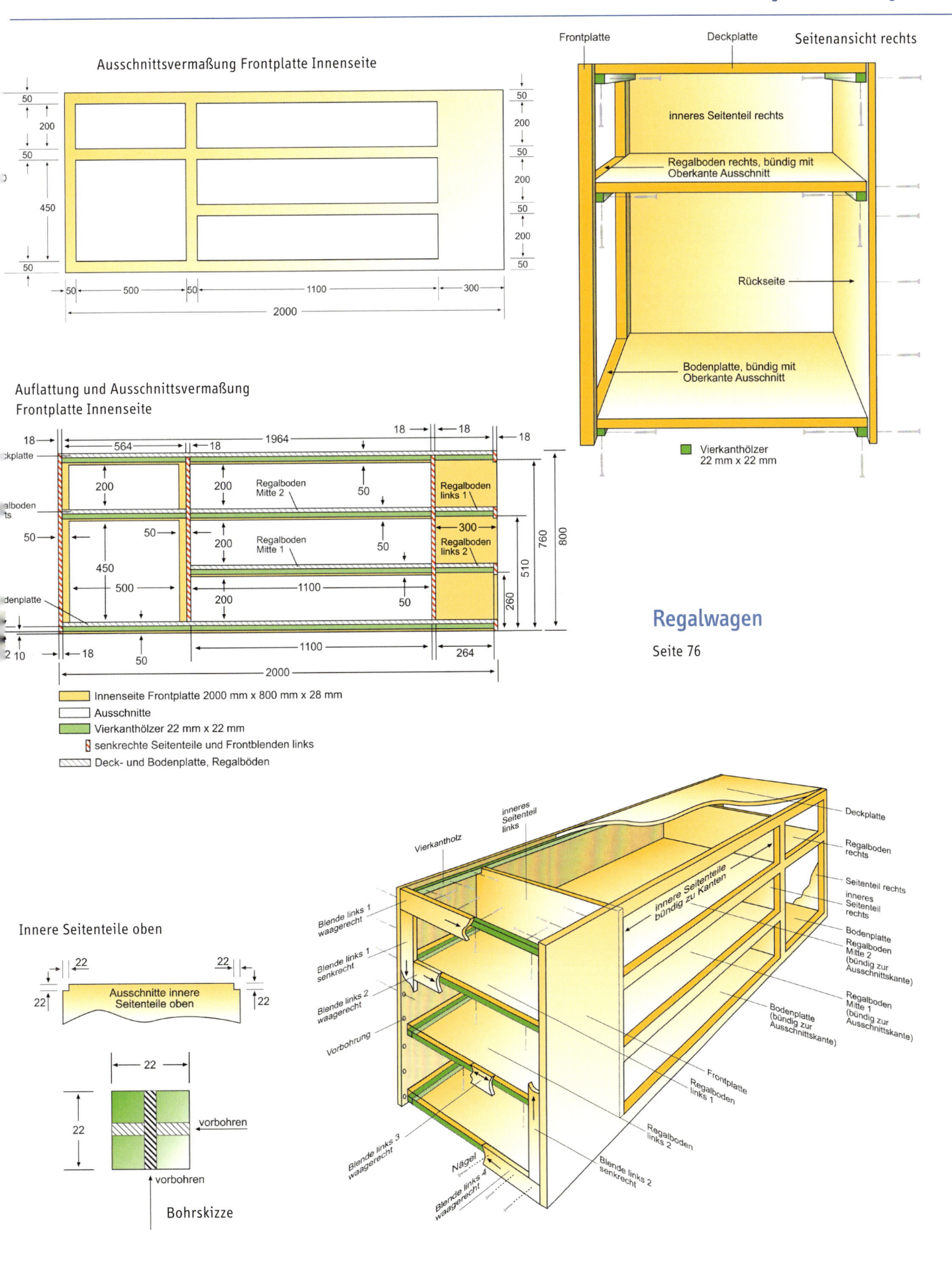

Anhang

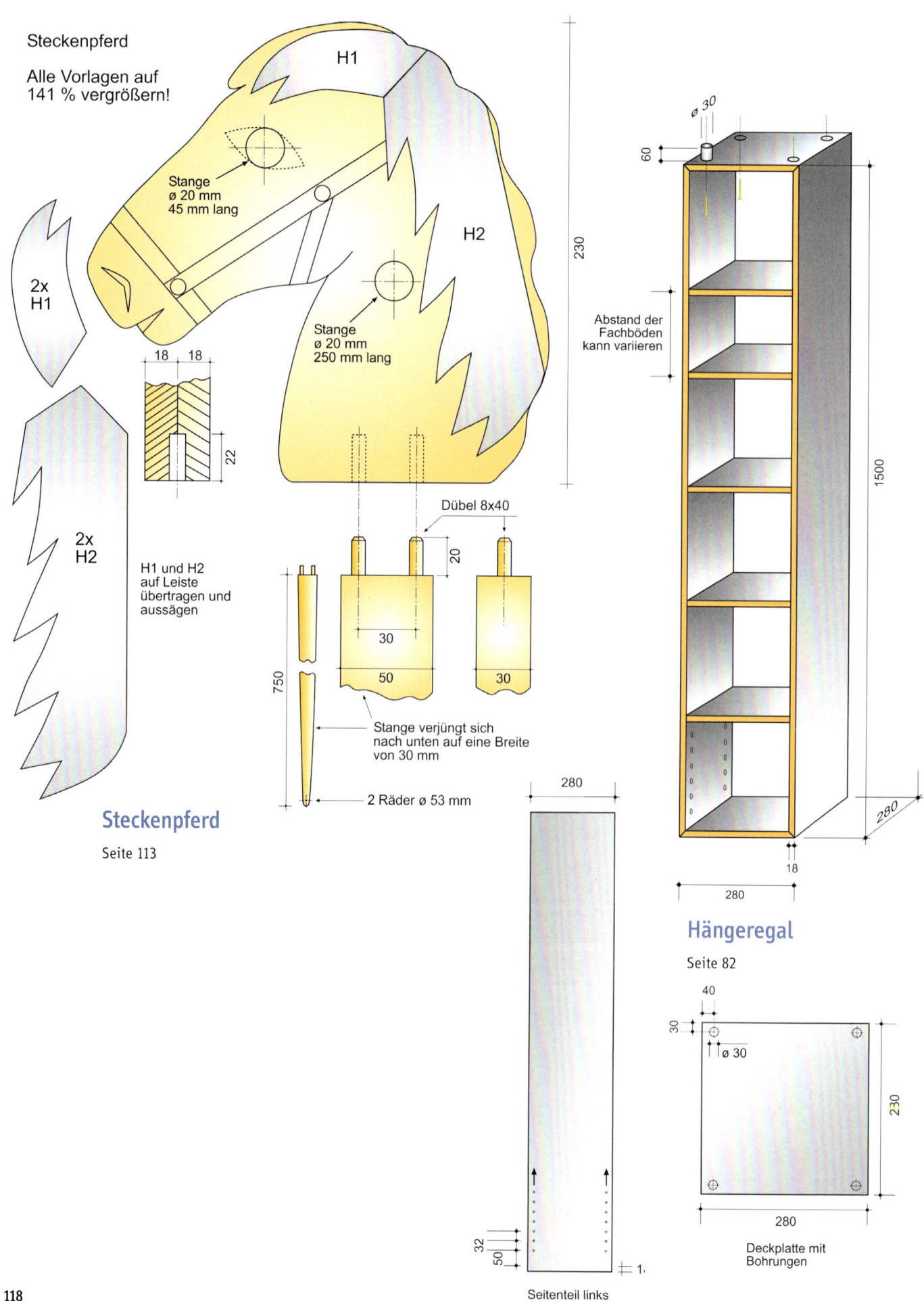

Steckenpferd

Alle Vorlagen auf 141 % vergrößern!

- 2x H1
- 2x H2
- H1 und H2 auf Leiste übertragen und aussägen
- Stange ø 20 mm, 45 mm lang
- Stange ø 20 mm, 250 mm lang
- Dübel 8x40
- Stange verjüngt sich nach unten auf eine Breite von 30 mm
- 2 Räder ø 53 mm

Steckenpferd
Seite 113

Hängeregal
Seite 82

Abstand der Fachböden kann variieren

Deckplatte mit Bohrungen

Seitenteil links

Montageskizzen & Vorlagen

Prinzessinnen-stuhl
Seite 102

siehe Vorlage

Rustikales Regal
Seite 89

Deck- und Bodenbrett vorbohren

Bohrungen linke und rechte Brettseite ø 3 mm

Plexiglasscheibe vorbohren

Bohrungen linke und rechte Plexiglasscheibe ø 3 mm

Treibholz-Garderobe
Seite 63

Aufhängung - Schraubhaken

Wand, Schraubhaken, Dübel, Holzbrett, Flacheisen, Kreuzschlitzschrauben (4 mm x 20 mm)

Oben — Holzbrett — Forstnerbohrer

Oben — Holzbrett — Holzbohrer ø 3 mm

Aufhängung - Bohrungen auf der Rückseite

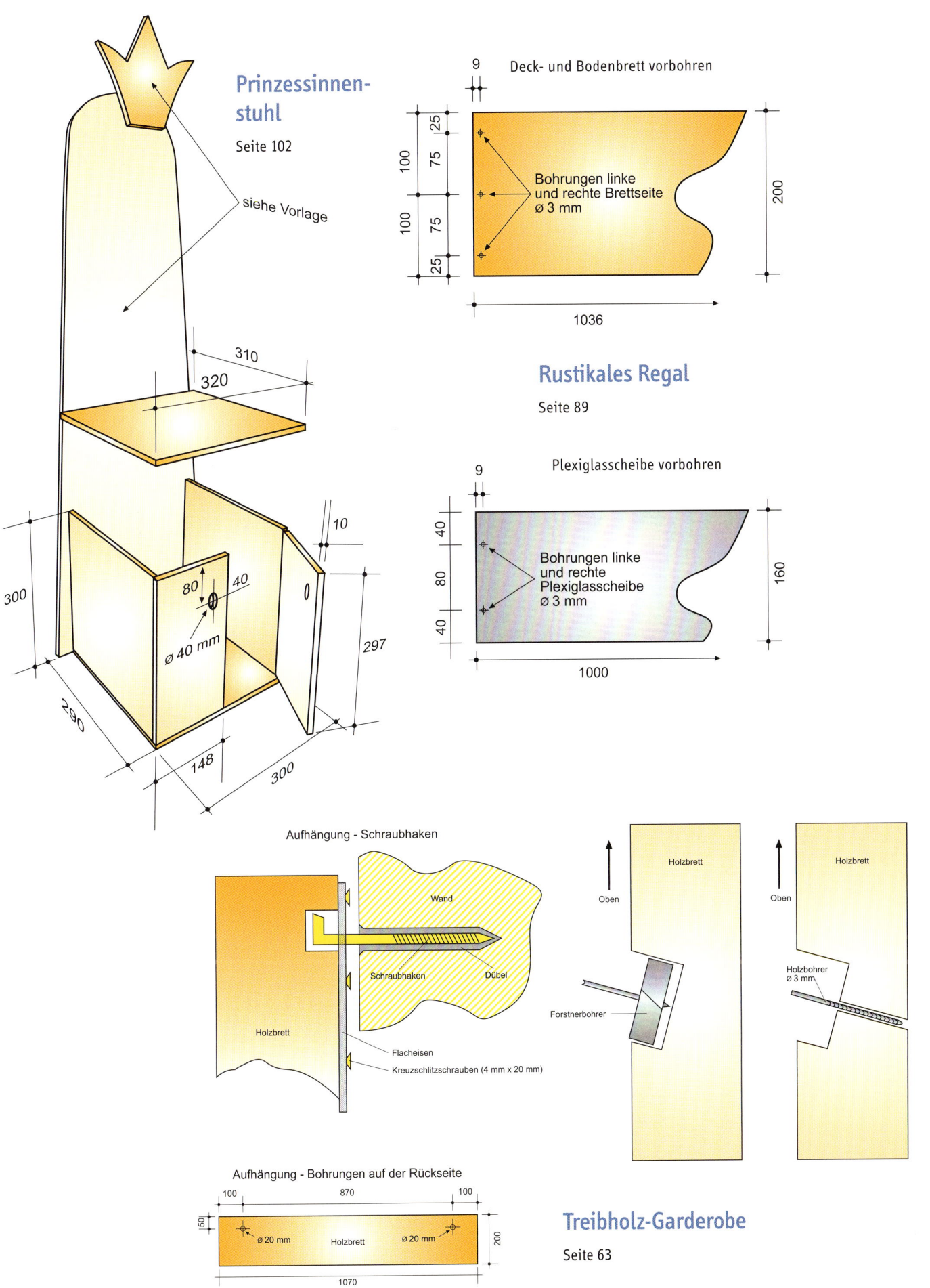

ø 20 mm — Holzbrett — ø 20 mm

Anhang

CD-Regal
Seite 73

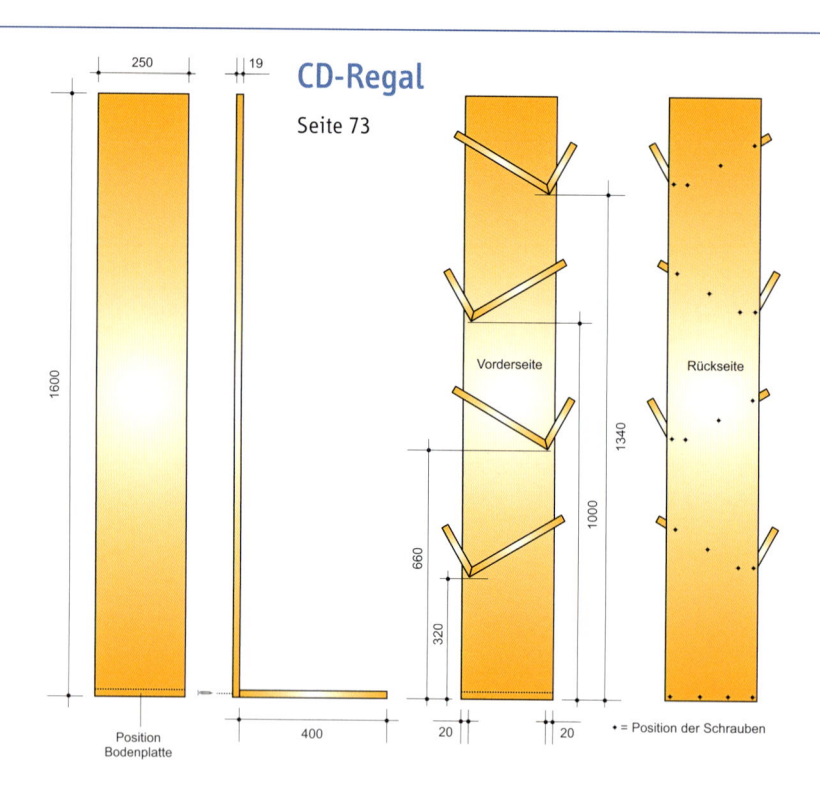

- Position Bodenplatte
- Vorderseite
- Rückseite
- • = Position der Schrauben

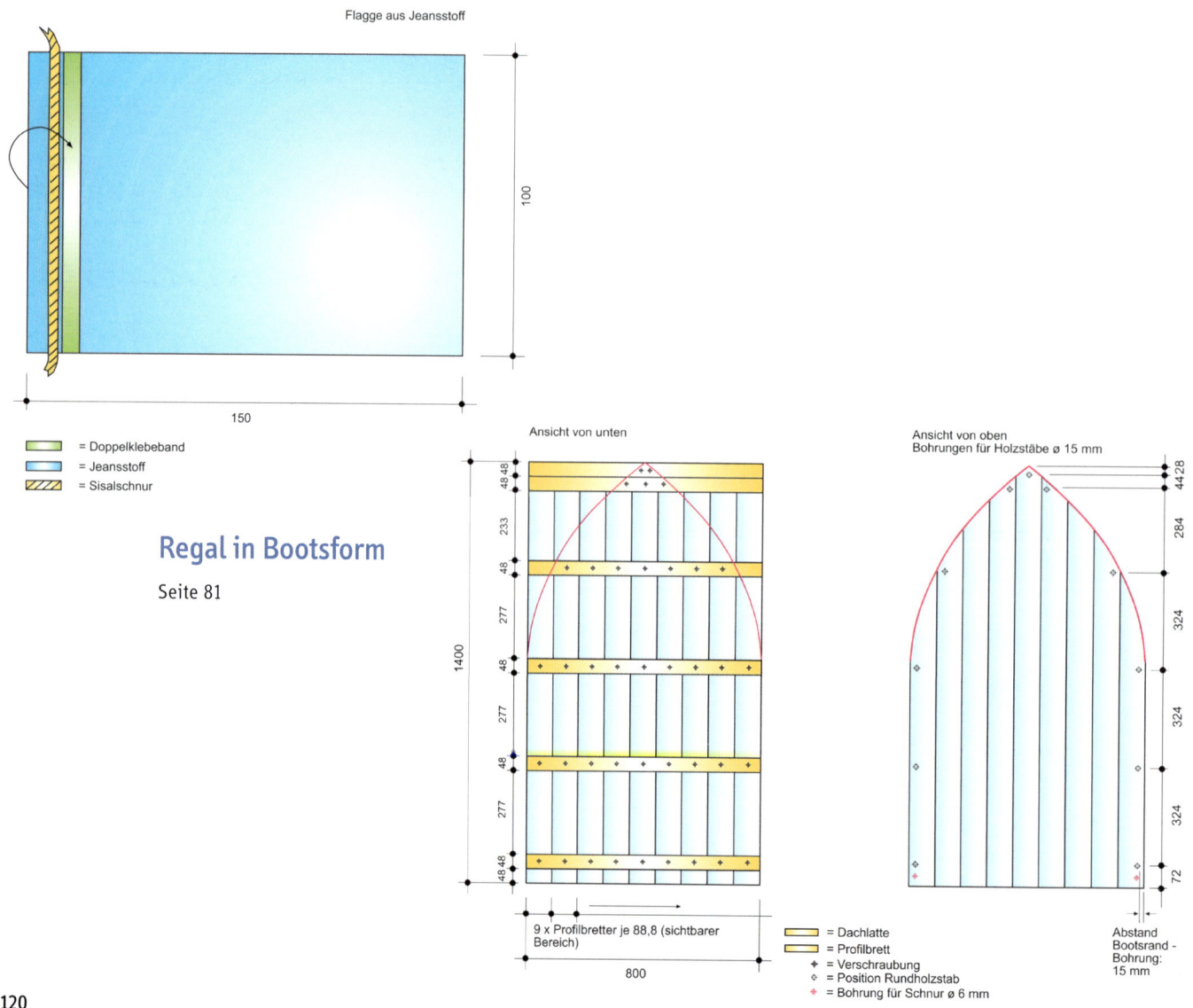

Flagge aus Jeansstoff

▨ = Doppelklebeband
▨ = Jeansstoff
▨ = Sisalschnur

Regal in Bootsform
Seite 81

Ansicht von unten

9 x Profilbretter je 88,8 (sichtbarer Bereich)

Ansicht von oben
Bohrungen für Holzstäbe ø 15 mm

▬ = Dachlatte
▬ = Profilbrett
✚ = Verschraubung
◇ = Position Rundholzstab
✚ = Bohrung für Schnur ø 6 mm

Abstand Bootsrand - Bohrung: 15 mm

Beistelltisch
Seite 87

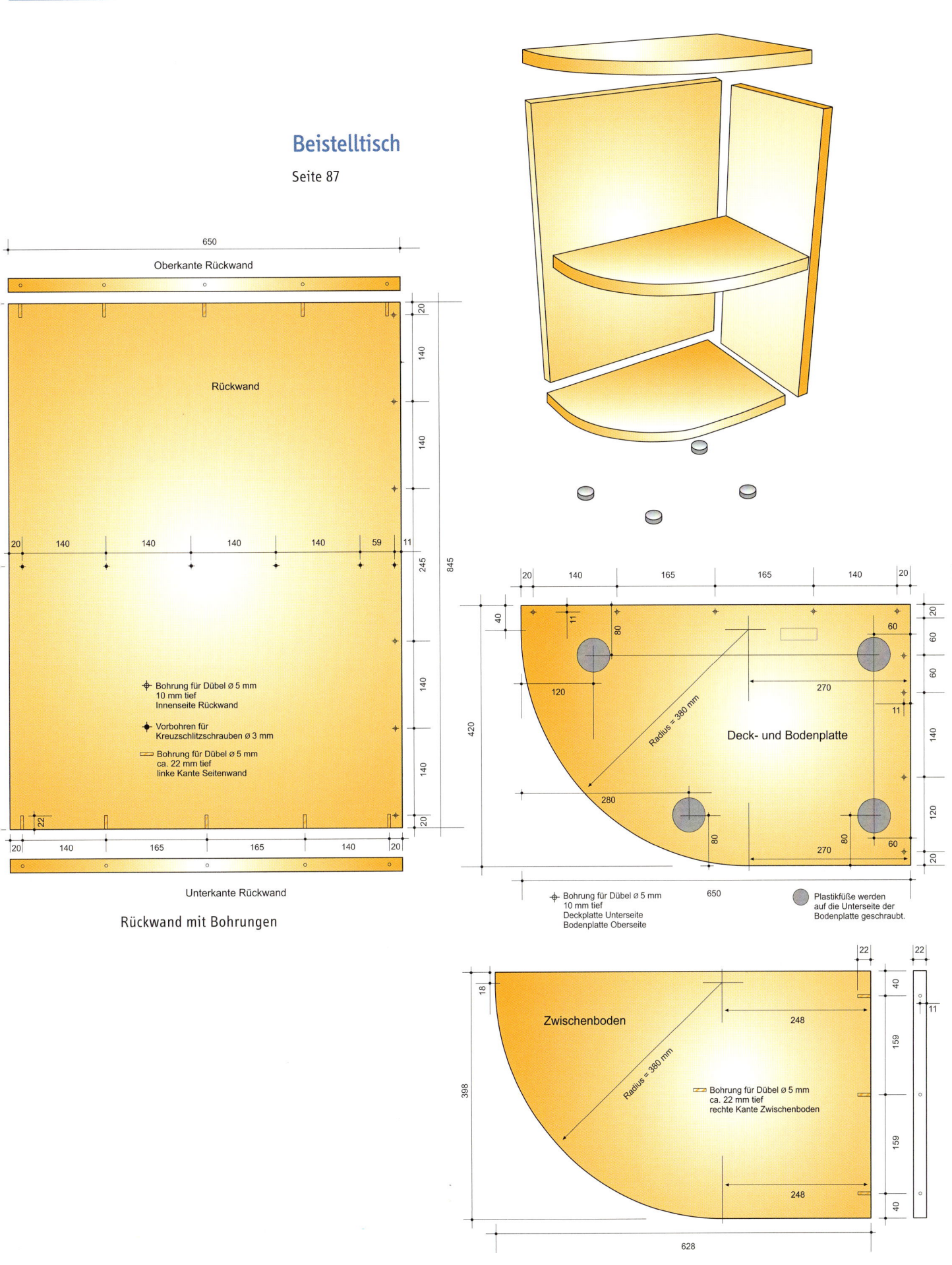

Rückwand mit Bohrungen

- Bohrung für Dübel ø 5 mm, 10 mm tief, Innenseite Rückwand
- Vorbohren für Kreuzschlitzschrauben ø 3 mm
- Bohrung für Dübel ø 5 mm, ca. 22 mm tief, linke Kante Seitenwand

Oberkante Rückwand — 650
Unterkante Rückwand

Maße Rückwand: 20 / 140 / 140 / 140 / 140 / 59 / 11 (Breite); 20 / 140 / 140 / 245 / 140 / 140 / 20 = 845 (Höhe)

Deck- und Bodenplatte

Maße: 20 / 140 / 165 / 165 / 140 / 20 = 650 (Breite); 420 (Tiefe); Radius = 380 mm
Bohrungen: 120, 270, 280, 80, 60, 11, 140, 120

- Bohrung für Dübel ø 5 mm, 10 mm tief, Deckplatte Unterseite, Bodenplatte Oberseite
- Plastikfüße werden auf die Unterseite der Bodenplatte geschraubt.

Zwischenboden

Maße: 628 (Breite); 398 (Tiefe); Radius = 380 mm; 18; 248; 40; 159; 159; 40; 22; 11

- Bohrung für Dübel ø 5 mm, ca. 22 mm tief, rechte Kante Zwischenboden

Anhang

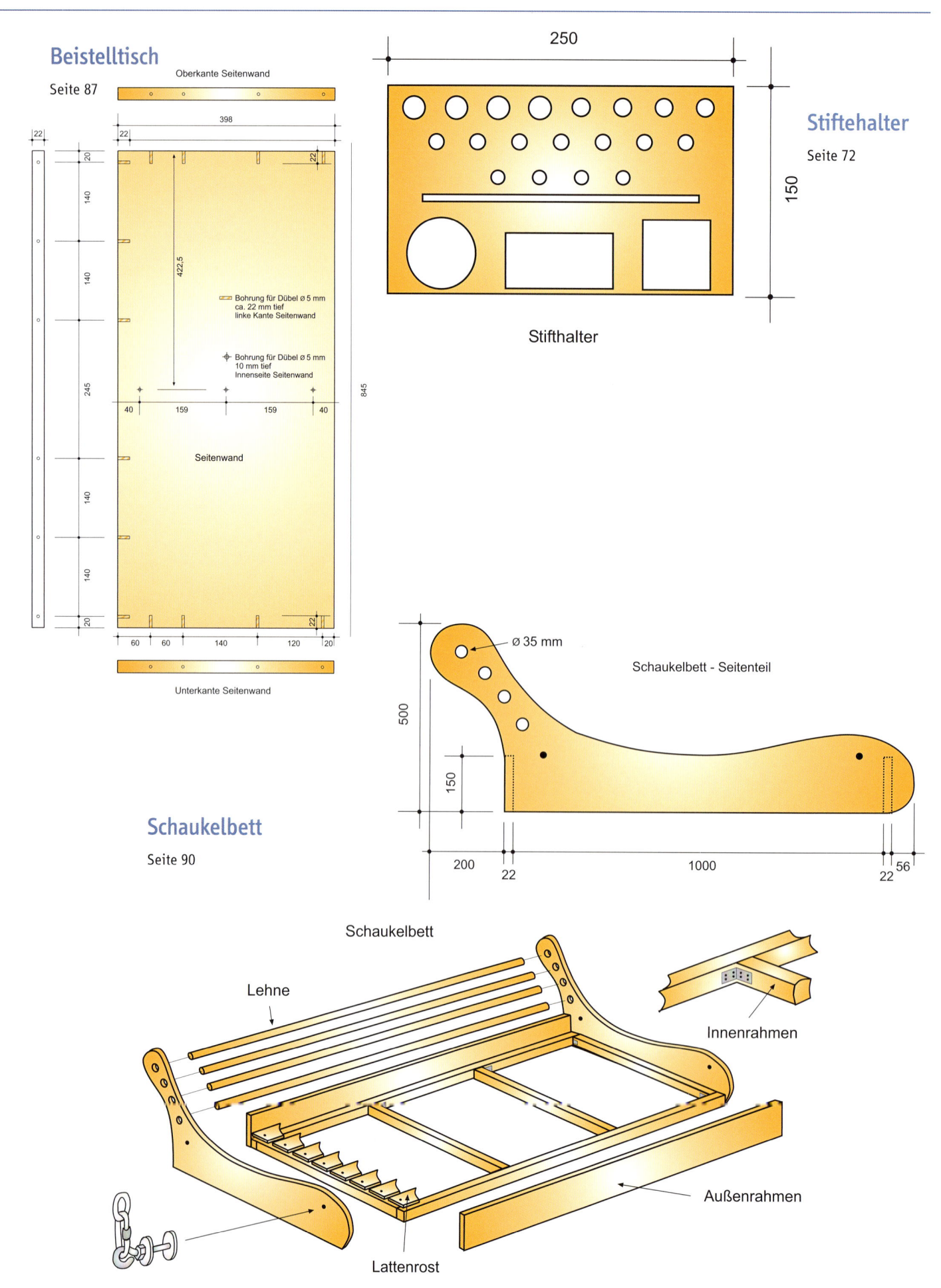

Beistelltisch
Seite 87

Oberkante Seitenwand

Bohrung für Dübel Ø 5 mm
ca. 22 mm tief
linke Kante Seitenwand

Bohrung für Dübel Ø 5 mm
10 mm tief
Innenseite Seitenwand

Seitenwand

Unterkante Seitenwand

Stiftehalter
Seite 72

Stifthalter

Schaukelbett
Seite 90

Ø 35 mm

Schaukelbett - Seitenteil

Schaukelbett

Lehne

Innenrahmen

Außenrahmen

Lattenrost

Montageskizzen & Vorlagen

Schaukeldino
Seite 108

⊕ Schrauben 30 mm lang

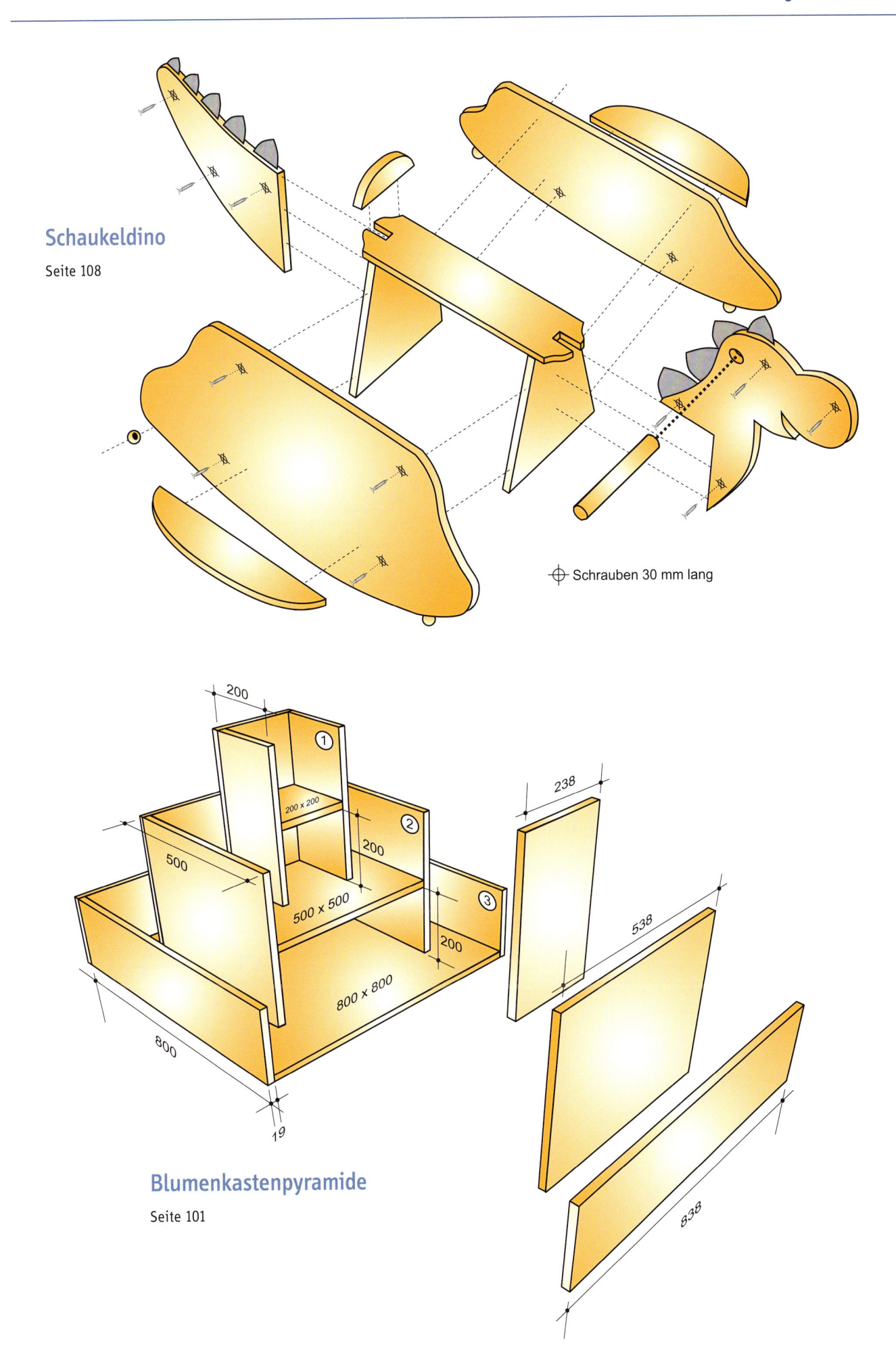

Blumenkastenpyramide
Seite 101

Anhang

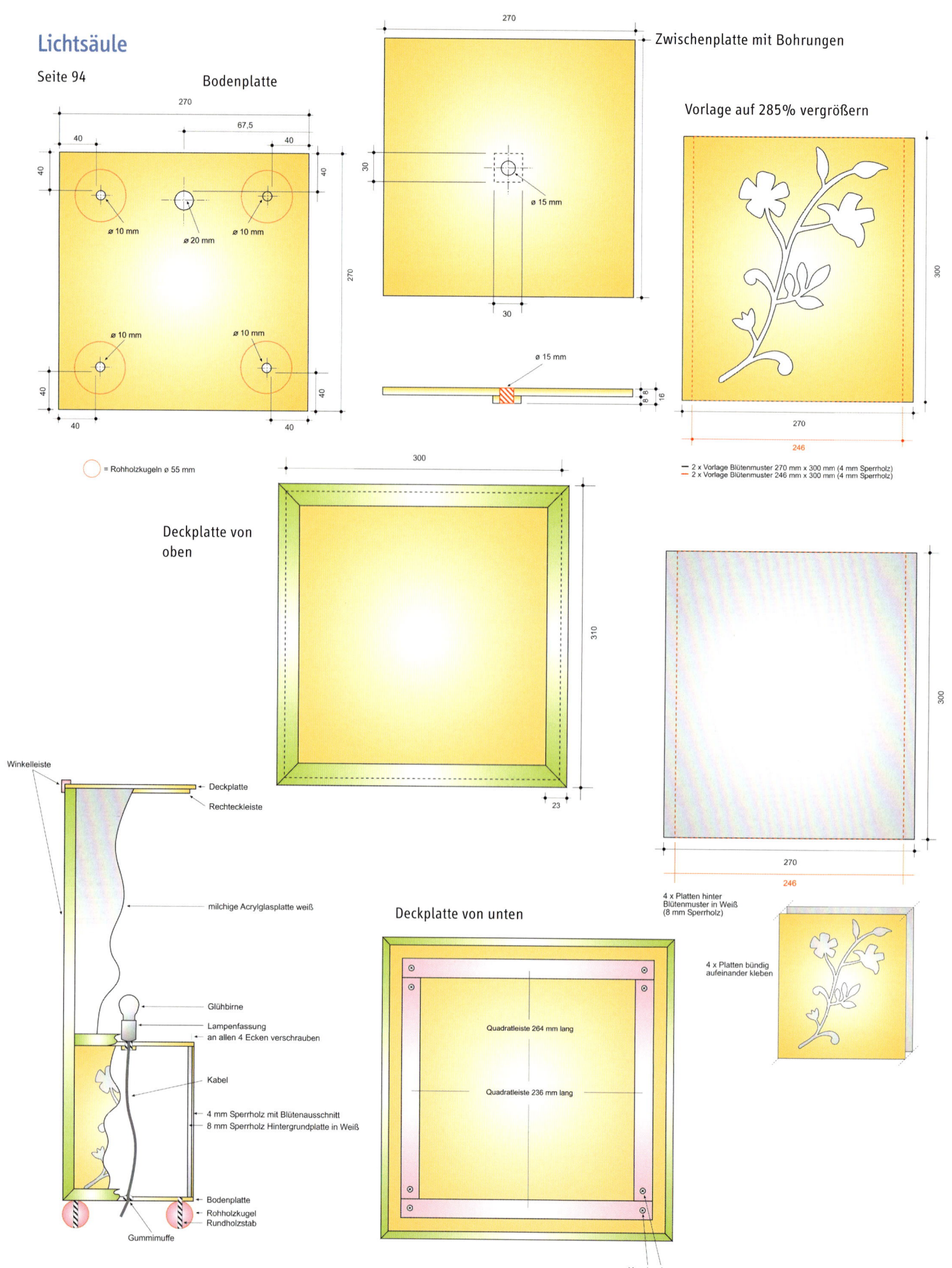

Lichtsäule
Seite 94

Bodenplatte
- 270
- 40, 67,5, 40
- ø 10 mm
- ø 20 mm
- ø 10 mm
- ø 10 mm
- ø 10 mm
- 270
- 40, 40, 40, 40
- ○ = Rohholzkugeln ø 55 mm

Zwischenplatte mit Bohrungen
- 270
- 30
- ø 15 mm
- 30
- ø 15 mm
- 8,8 / 16

Vorlage auf 285% vergrößern
- 300
- 270
- 246
- 2 x Vorlage Blütenmuster 270 mm x 300 mm (4 mm Sperrholz)
- 2 x Vorlage Blütenmuster 246 mm x 300 mm (4 mm Sperrholz)

Deckplatte von oben
- 300
- 310
- 23

4 x Platten hinter Blütenmuster in Weiß (8 mm Sperrholz)

300
270
246

4 x Platten bündig aufeinander kleben

Deckplatte von unten
- Quadratleiste 264 mm lang
- Quadratleiste 236 mm lang
- Verschraubung

Winkelleiste
Deckplatte
Rechteckleiste
milchige Acrylglasplatte weiß
Glühbirne
Lampenfassung an allen 4 Ecken verschrauben
Kabel
4 mm Sperrholz mit Blütenausschnitt
8 mm Sperrholz Hintergrundplatte in Weiß
Bodenplatte
Rohholzkugel
Rundholzstab
Gummimuffe

124

Montageskizzen & Vorlagen

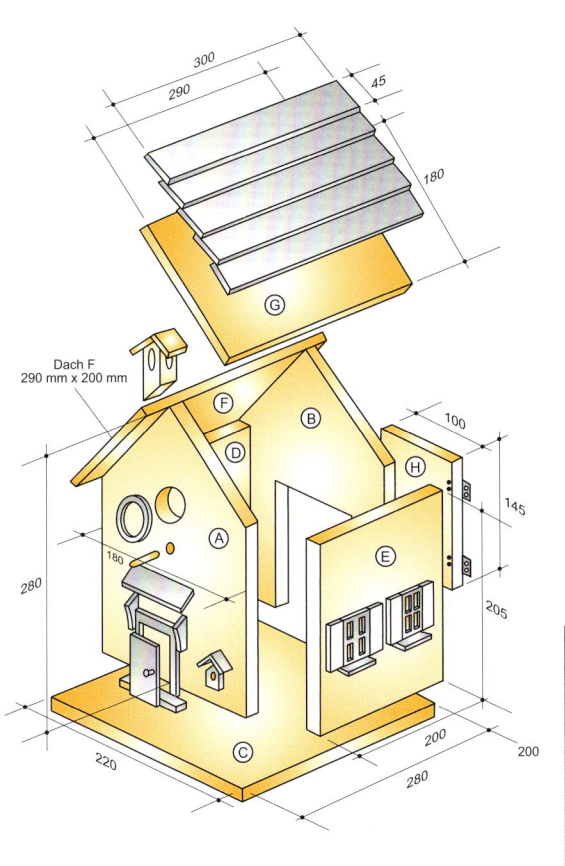

Nistkasten

Seite 99

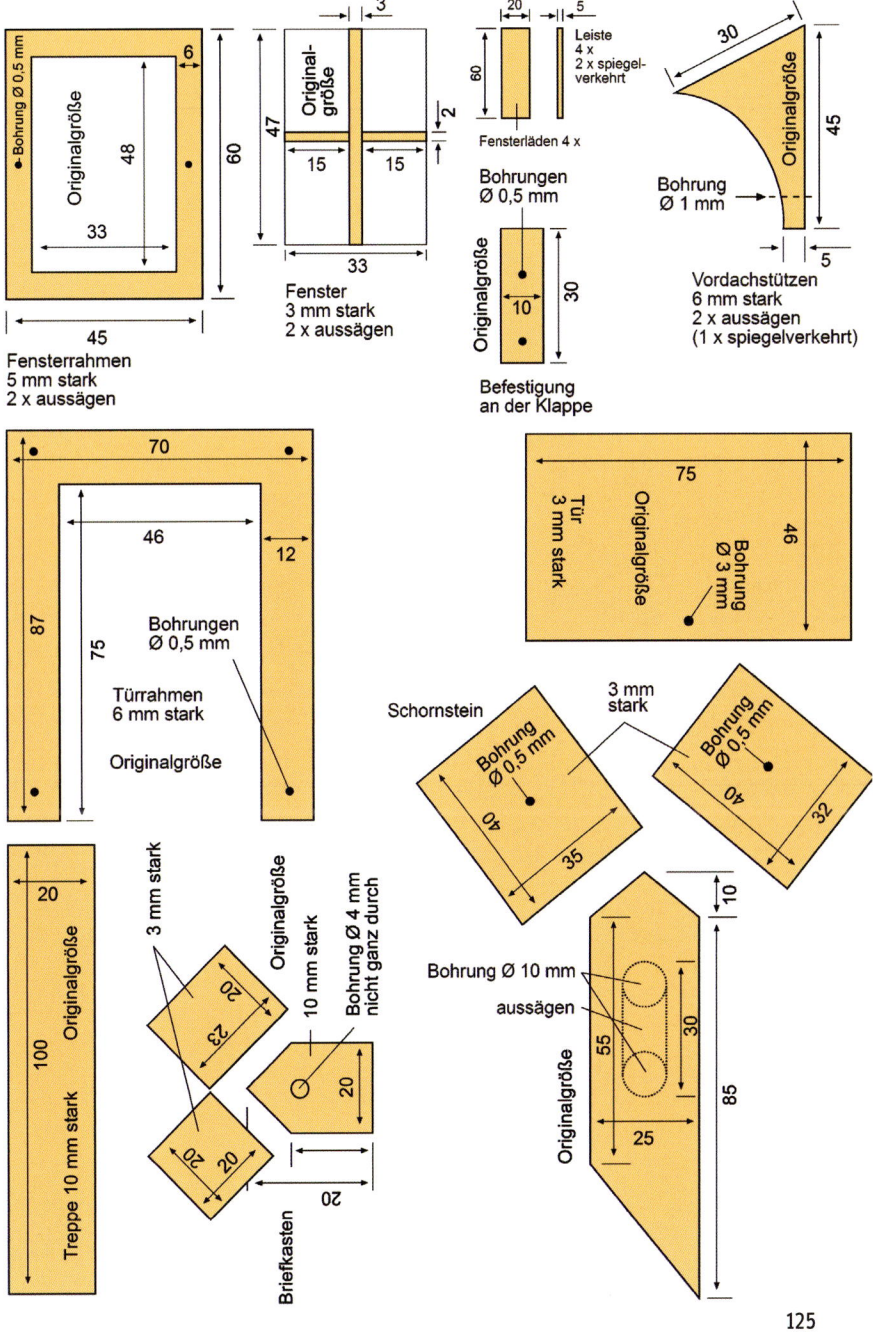

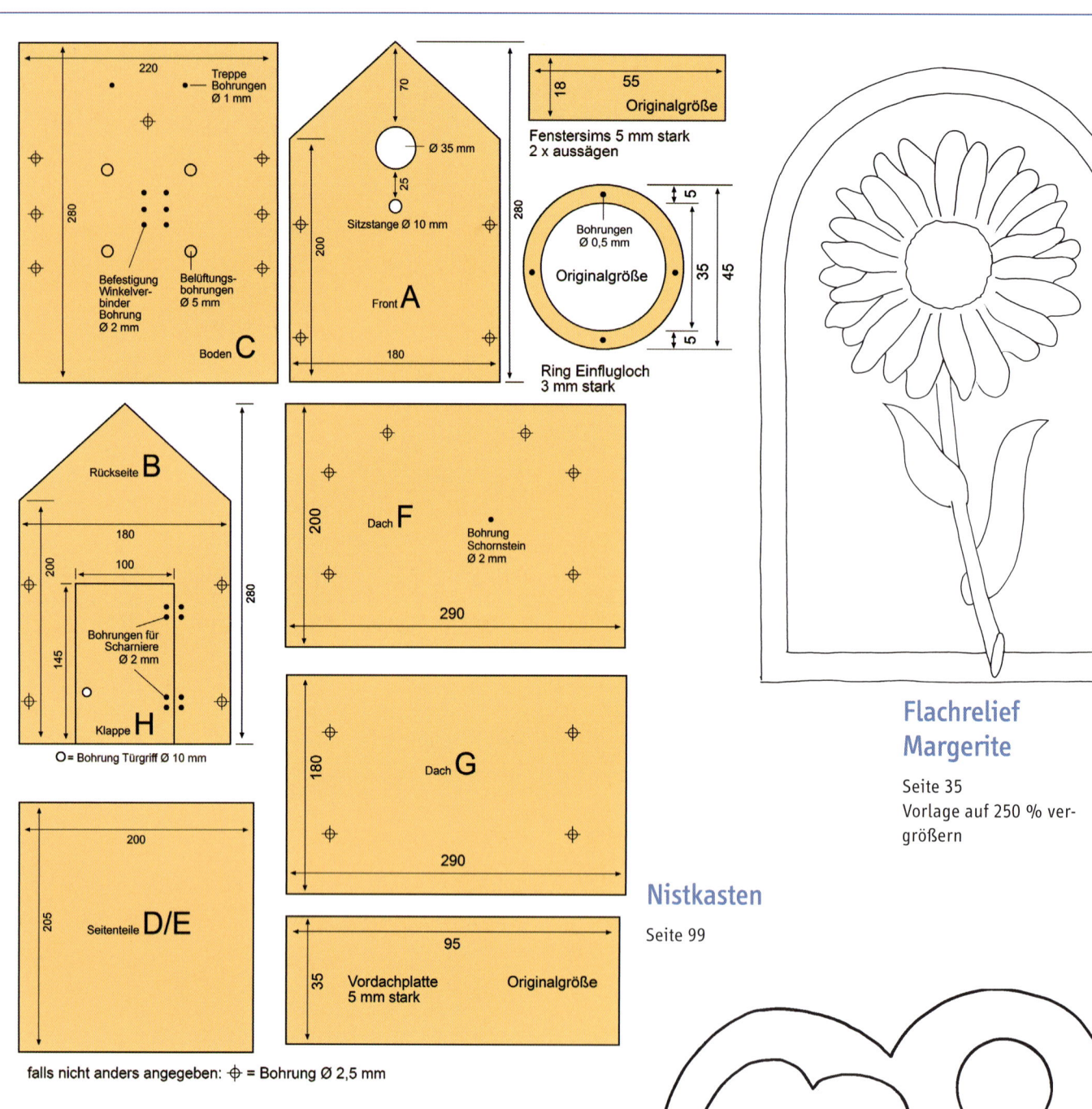

Anhang

Nistkasten
Seite 99

Teil C – Boden
- 220 × 280
- Treppe Bohrungen Ø 1 mm
- Befestigung Winkelverbinder Bohrung Ø 2 mm
- Belüftungsbohrungen Ø 5 mm

Teil A – Front
- 180 × 280
- Ø 35 mm (Einflugloch)
- 70 (oben)
- 25
- 200
- Sitzstange Ø 10 mm

Fenstersims 5 mm stark, 2 x aussägen
- 55 × 18
- Originalgröße

Ring Einflugloch 3 mm stark
- Bohrungen Ø 0,5 mm
- Originalgröße
- 35 / 45 / 5 / 5

Teil B – Rückseite / Klappe H
- 180 × 280
- 200
- 100
- 145
- Bohrungen für Scharniere Ø 2 mm
- O = Bohrung Türgriff Ø 10 mm

Teil F – Dach
- 290 × 200
- Bohrung Schornstein Ø 2 mm

Teil G – Dach
- 290 × 180

Teil D/E – Seitenteile
- 200 × 205

Vordachplatte 5 mm stark
- 95 × 35
- Originalgröße

falls nicht anders angegeben: ⊕ = Bohrung Ø 2,5 mm

Flachrelief Margerite
Seite 35
Vorlage auf 250 % vergrößern

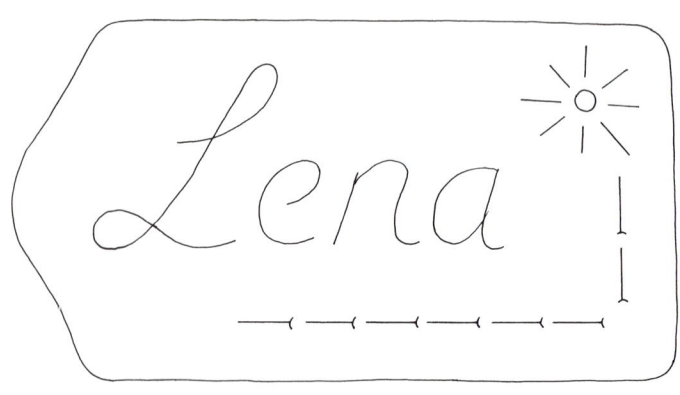

Frühstücksbrett
Seite 34
Vorlage auf 250 % vergrößern

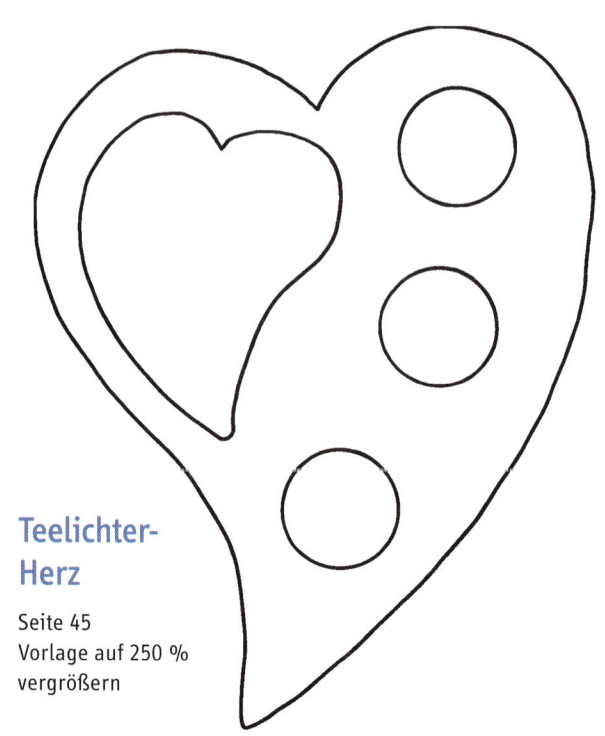

Teelichter-Herz
Seite 45
Vorlage auf 250 % vergrößern

Montageskizzen & Vorlagen

Filigraner Bilderrahmen

4x Seite 69
Vorlage auf 140 % vergrößern
Leistenstück

270 mm
120 mm
130 mm
Bohrer, ø 1,5 mm
halbrunde Leiste

Badematte

Seite 65
Vorlage auf 400 % vergrößern

Katzen-Duo

Seite 27
Große Katze: Vorlage auf 183 % vergrößern
Kleine Katze: Vorlage auf 153 % vergrößern

Regal in Bootsform

Seite 81
Vorlage auf 400 % vergrößern

Pfannenwender

Seite 35
Vorlage auf 250 % vergrößern

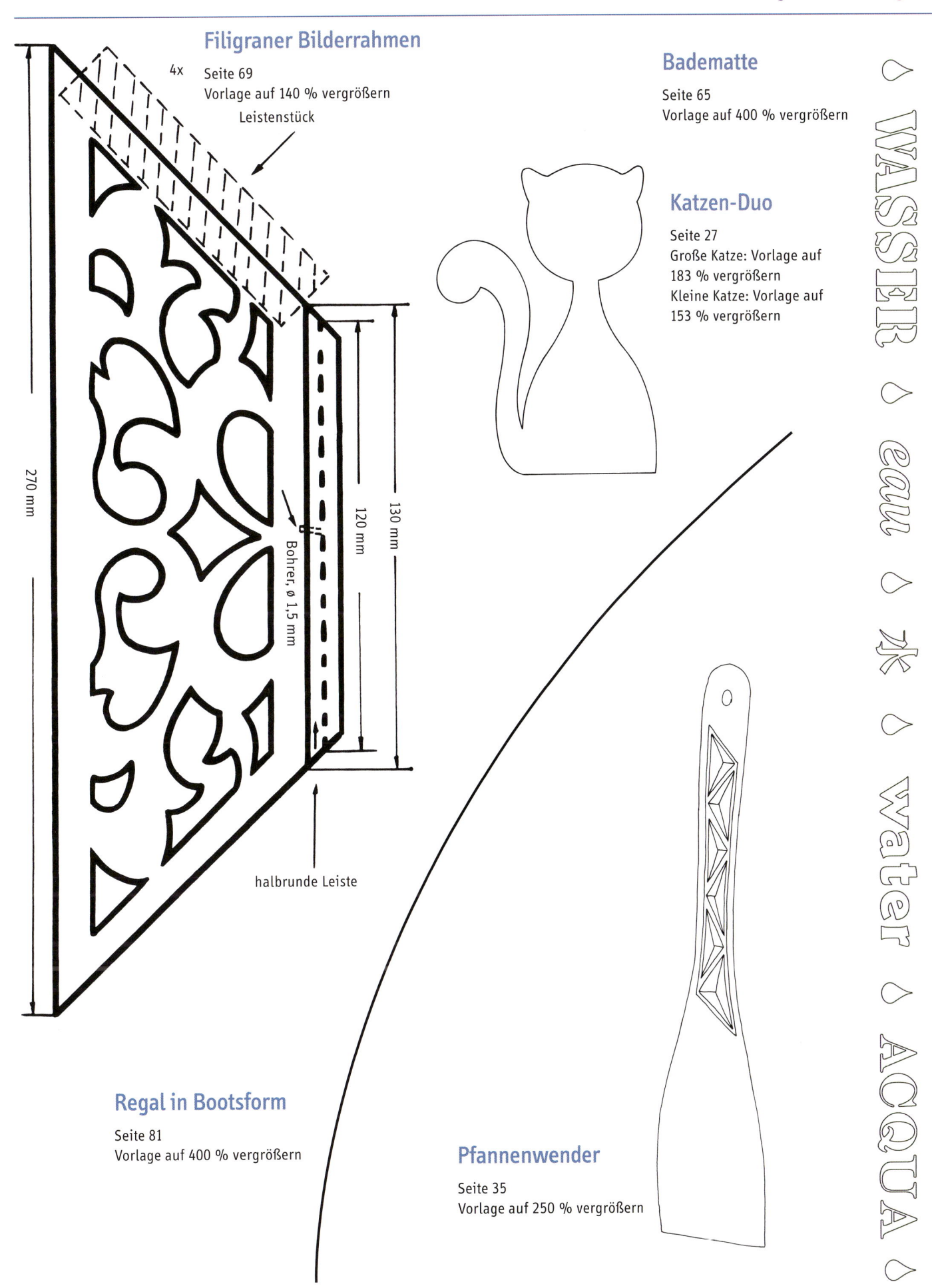

◊ WASSER ◊ eau ◊ 水 ◊ water ◊ ACQUA ◊

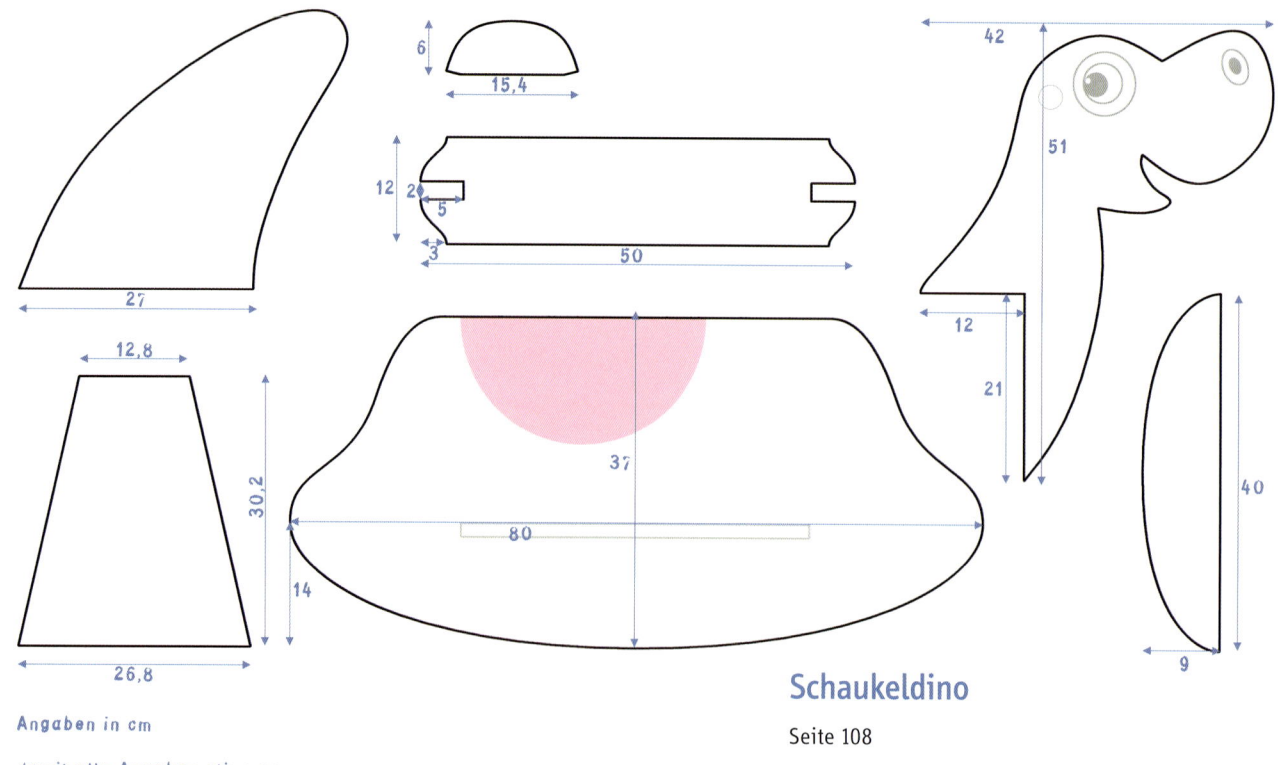

Anhang

Schaukeldino

Seite 108

Angaben in cm

damit alle Angaben stimmen:
für Kopf- und Schwanzteil 10mm dickes Holz verwenden,
für den Rest 18mm dickes Holz, z.B. Leimholz, Fichte

Hausnummer & Türschild

Seite 93
Vorlage auf 200 % vergrößern

Montageskizzen & Vorlagen

Rückwand

Arche Noah
Seite 105
Vorlage auf 200 % vergrößern

Prinzessinnenstuhl
Seite 102
Vorlage auf 285 % vergrößern

Seitenteil
2 x

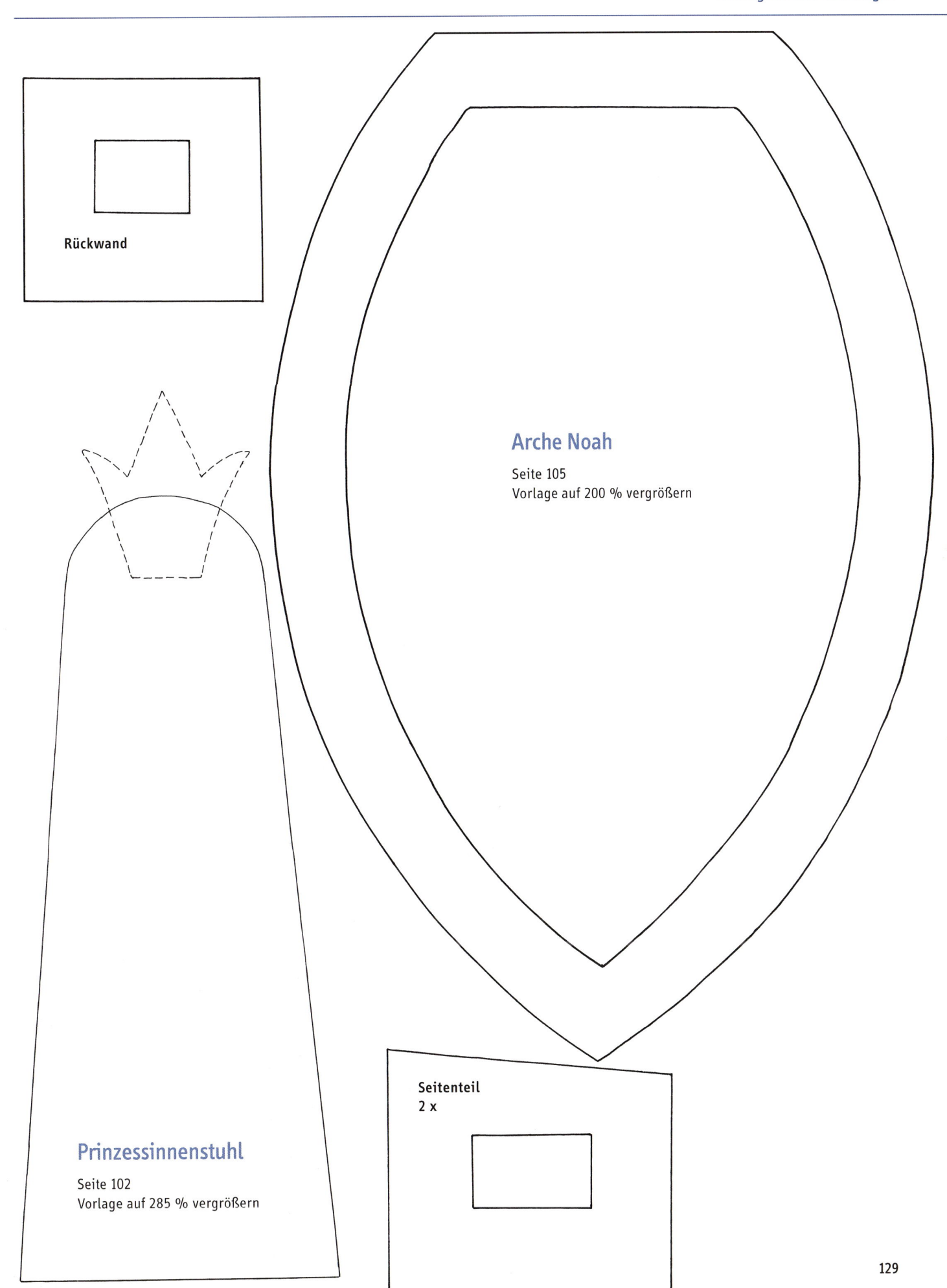

129

Anhang

oberes Teil
2x mit Ausschnitt
1 x Bodenplatte

Arche Noah

Seite 105
Vorlage auf 200 % vergrößern

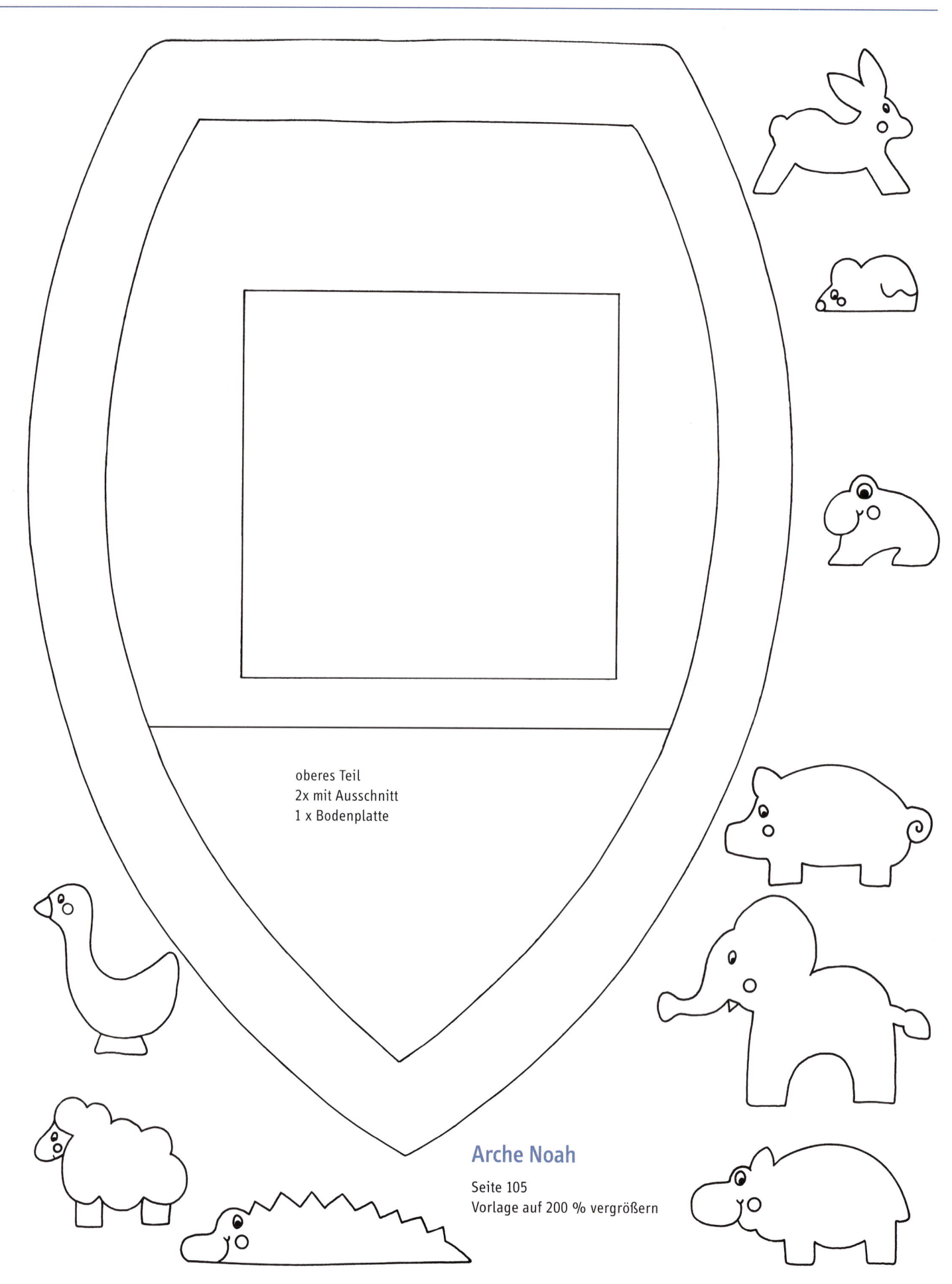

Montageskizzen & Vorlagen

Arche Noah

Seite 105
Vorlage auf 200 % vergrößern

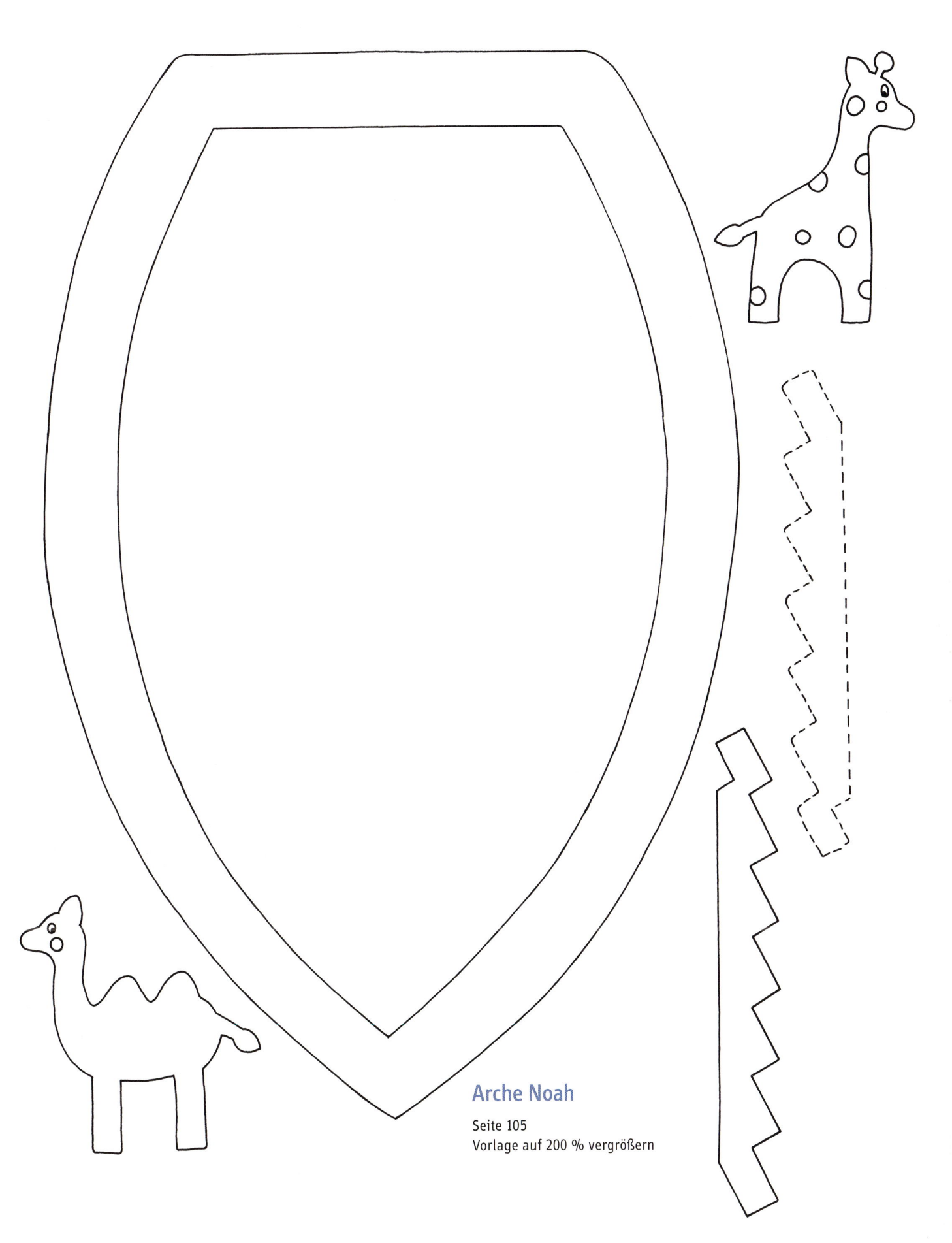

Autorin/Bezugsquellen/Impressum

Autoren

Bine Brändle Bine Brändle ist kreativ mit Leib und Seele. Farben, Holz, Stoff, Tonscherben ... alles nützt sie für ihre zahlreichen Projekte rings ums Thema Wohnen. Einfach mal ausprobieren, ist hier ihre Devise. Sie arbeitet freiberuflich als Illustratorin und arbeitet für Zeitschriften. 2009 erschien von ihr beim frechverlag der Titel „Meine bunte Welt".

Hans-Jürgen Kramatschek ist studierter Grafikdesigner. Viele Jahre war er für den frechverlag im Herstellungsbereich tätig, heute arbeitet er freiberuflich. Das kreative Gestalten – vom Möbeldesign und -bau bis zur Acrylmalerei – dient ihm als Ausgleich zur Tätigkeit am Bildschirm.

Dominik Sauer ist voll und ganz mit dem Material Holz verwurzelt. Nach seiner Ausbildung zum Tischlergesellen und mehrjähriger Berufserfahrung in dem Gebiet, vor allen Dingen im Innenausbau, machte er sogar noch eine Weiterbildung zum Techniker/Industriemeister Fachrichtung Holz. Hauptberuflich ist er jetzt Abteilungsleister CNC und stellvertretender Produktionsleiter in einer größeren Schreinerei, nebenher hat er aber zusätzlich schon seit 2007 an mehreren Büchern aus dem frechverlag mitgewirkt.

Gudrun Schmitt wurde 1963 in Fulda geboren und hat vier, in der Zwischenzeit schon fast erwach-sene Kinder. Sie hat schon immer gerne gemalt und gebastelt; das Vorbild waren die Eltern, die bis heute mit viel Freude und Fantasie kreative Dinge herstellen. Nach dem Schulabschluss erlernte sie den eigentlich unkreativen Beruf der Bankkauffrau. Nach der Geburt des ersten Sohnes flammte aber die Leidenschaft zum Basteln wieder auf. In den folgenden Jahren leitete sie Kinderkreativkurse und Seidenmalkurse in verschiedenen Familienbildungsstätten. 1998 erschien in Zusammenarbeit mit ihrer Schwester das erste Kreativbuch im frechverlag.

... und viele andere Autoren mehr

Impressum

KONZEPT, PROJEKTMANAGEMENT & LEKTORAT: Caroline Lerch, Redaktionsbüro Kim Marie Krämer, Leinfelden-Echterdingen
GESTALTUNG UMSCHLAG UND LAYOUT INHALT: Heike Köhl
FOTOS: frechverlag GmbH, 70499 Stuttgart; lichtpunkt, Michael Ruder, Stuttgart (restliche Fotos, sofern nicht anders aufgeführt); Fotostudio Ullrich & Co., Renningen (S. 6/7, 8, 9 oben, 11 oben, 12, 13 ganz oben und ganz unten, 15 unten, 16 oben, 18/19, 20/21, 22, 23 Mitte, 27 oben, 31, 32/33, 34 unten, 35 oben, 35 unten, 37 Mitte und unten, 38 oben, 44 unten, 47 oben, 47 rechts unten, 49, 50/51, 54, 55 die oberen vier, 56 unten, 57, 60, 76, 81, 82, 92/93, 94, 105, 107, 113); Frank Bahy und Steff Rosenberger-Ochs, Stuttgart (S. 45 oben); Bine Brändle (S. 90, 108/109); Hans-Jürgen Kramaschek (S. 66, 77/78, 79/80, 85/86); Dominik Sauer (S. 23 (Schritte 2 a, c und d), 45 beide unten, 53 ganz rechts, 83/84); Gudrun Schmitt (S. 15 (Übertragen mit Kopierpapier), 96); Karsten Selke (S. 61, 111/112); Wagner-Group, 88677 Markdorf (S. 39, Feinsprühsystem)
MODELLE: Bine Brändle (S. 26 oben, 44 oben, 65, 75, 90, 108); Reinhold Büdeker (S. 34 unten, S. 35 oben, S. 35 unten, 93); Monika Gänsler (S. 27, 69); Hans-Jürgen Kramaschek (S. 56 unten, 63, 67, 76, 81, 87, 89); Jan Michel (S. 73, 101); Alice Rögele (S. 56 oben, 99); Dominik Sauer (S. 26 unten, S. 34 oben, 44 unten, 57 oben, 71, 82); Gudrun Schmitt (S. 94, 102, 105, 107); Karsten Selke (S. 60, 113); Helmut Steffen (S. 45 oben);
MONTAGESKIZZEN: Hans-Jürgen Kramaschek (S. 114 bis 126 links oben, teilweise in Anlehnung an Skizzen von den jeweiligen Autoren)
VORLAGEN (ab S. 126): von den jeweiligen AutorInnen, die die Modelle gearbeitet haben
DRUCK UND BINDUNG: Himmer AG, Augsburg

Materialangaben und Arbeitshinweise in diesem Buch wurden von den Autoren und den Mitarbeitern des Verlags sorgfältig geprüft. Eine Garantie wird jedoch nicht übernommen. Autoren und Verlag können für eventuell auftretende Fehler oder Schäden nicht haftbar gemacht werden. Das Werk und die darin gezeigten Modelle sind urheberrechtlich geschützt. Die Vervielfältigung und Verbreitung ist, außer für private, nicht kommerzielle Zwecke, untersagt und wird zivil- und strafrechtlich verfolgt. Dies gilt insbesondere für eine Verbreitung des Werkes durch Fotokopien, Film, Funk und Fernsehen, elektronische Medien und Internet sowie für eine gewerbliche Nutzung der gezeigten Modelle. Bei Verwendung im Unterricht und in Kursen ist auf dieses Buch hinzuweisen.

Auflage: 5. 4. 3. 2. 1.
Jahr: 2015 2014 2013 2012 2011 [Letzte Zahlen maßgebend]

© 2011 **frechverlag** GmbH, 70499 Stuttgart

PRINTED IN GERMANY

ISBN 978-3-7724-5072-3
Best.-Nr. 5072

KREATIV-HOTLINE
Hilfestellung zu allen Fragen, die Materialien und Bastelbücher betreffen: Frau Erika Noll berät Sie. Rufen Sie an oder schreiben Sie eine E-Mail!

Telefon: 0 50 52 / 91 18 58*
E-Mail: mail@kreativ-service.info
*normale Telefongebühren

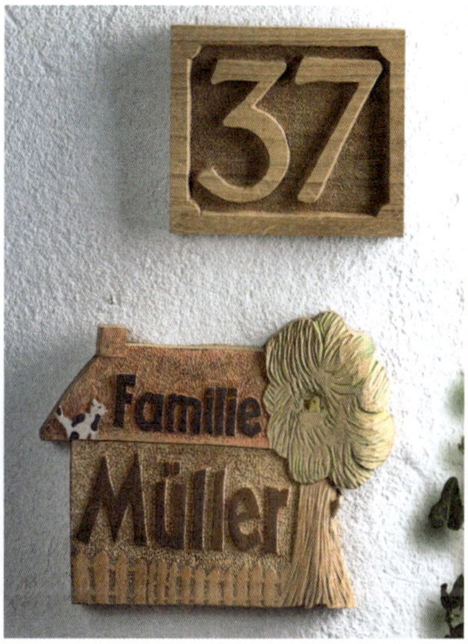
37
Familie
Müller

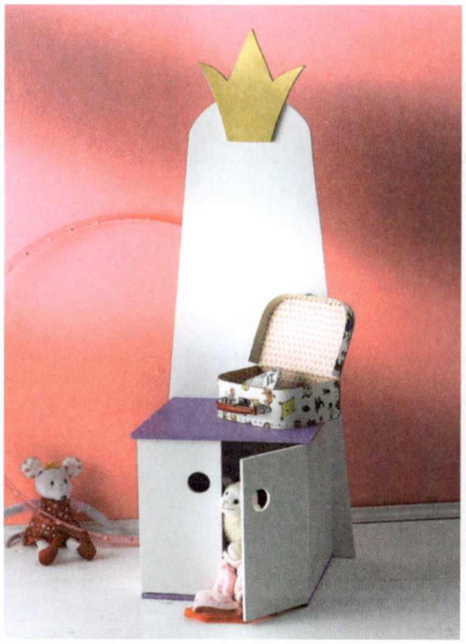

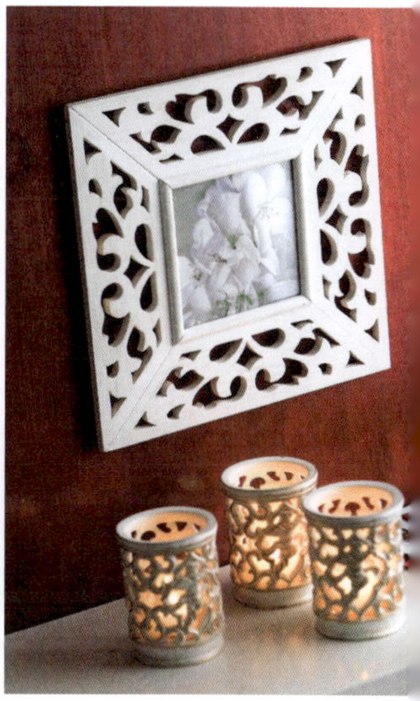